2020世界城市文化论坛(上海)

论文集

荣跃明

主编

上海人民出版社　　上海远东出版社

图书在版编目(CIP)数据

2020 世界城市文化论坛(上海)论文集 / 荣跃明主编. —上海：上海远东出版社，2021
ISBN 978 - 7 - 5476 - 1758 - 8

Ⅰ.①2… Ⅱ.①荣… Ⅲ.①社会科学－文集
Ⅳ.①C53

中国版本图书馆 CIP 数据核字(2021)第 205909 号

责任编辑 李　敏　王智丽
封面设计 徐羽情

2020 世界城市文化论坛(上海)论文集
荣跃明　主编

出　　版　上海远东出版社
　　　　　(201101　上海市闵行区号景路 159 弄 C 座)
发　　行　上海人民出版社发行中心
印　　刷　上海中华印刷有限公司
开　　本　710×1000　1/16
印　　张　8
字　　数　119,000
插　　页　4
版　　次　2021 年 10 月第 1 版
印　　次　2021 年 10 月第 1 次印刷
ISBN 978 - 7 - 5476 - 1758 - 8/C・55
定　　价　58.00 元

目　录

反对袭击西班牙和中国城市的国际和平运动(1937—1939)

Carles Brasó Broggi　撰　　戴伊璇　译 *

运 动 背 景

1938 年春天,巴塞罗那、马德里、广州和武汉等城市都遭遇了暴力袭击,城市陷入了紧急安全状态,空袭警报的声音经常提醒着人们,当敌机逼近时,他们不得不尽快跑去寻找避难所。之后炸弹随意落下,摧毁房屋,不分青红皂白地杀死或伤害居民。在 1938 年 3 月 16 日到 18 日的三天里,巴塞罗那有 1 000 多名市民死亡,2 000 多人受伤。同年 6 月,广州市长曾养甫在连续 20 次空袭后,报告了同样的死亡人数,以及 5 000 多名伤员,中国的市长敦促组织一次国际会议,讨论这种新形式的暴力。

这些袭击没有明确的军事目的,只是为了打击平民的士气,削弱在二战前期的两场冲突——西班牙内战(1936—1939)和中国的抗日战争(1937—1945)——中挣扎的西班牙和中国政府的力量。广州市长的呼吁得到了国际和平主义组织——世界和平联盟/国际和平运动(以下简称 RUP/IPC)的认可。它的任务是支持和平(包括为军事防御性侵略辩护),同时声明联合国和海牙及日内瓦公约等国际规则的不可侵犯。1935 年秋,RUP/IPC 启动,日本在入侵满洲后退出了联合国,德国在莱茵地区实行军事化管理,意大利则进

---

* Carles Brasó Broggi,西班牙汉学家和经济史学家(2010 年获得庞培法布拉大学博士学位)。研究方向是二十世纪中国的知识和技术转让,已经出版著作《中国纺织业的贸易和技术网络》等,现为加泰罗尼亚大学(UOC)的 Ramóny Cajal 研究员。
戴伊璇,上海社会科学院文学研究所助理研究员。

攻阿比西尼亚,其空袭摧毁了阿比西尼亚的第二大城市——热带城市哈拉尔,这个新组织对意大利的空袭以及西方政府的在谴责空袭时的消极态度进行了批评。

该组织把自己定义为和平主义者,同时也是失败主义者,因为世界面临的将是一场迫在眉睫且不可避免的全球战争,法国将军保罗·普德鲁(Paul Pouderoux)写了一篇文章,成为 RUP/IPC 创始声明的一种,文章指出针对空袭的防御性和侵略性战术虽然不可避免,但都是可怕和无用的,和平主义的战斗虽不得不打,却是一场失败的战争。

该运动聚集了来自不同政治背景和意识形态的个人和机构:主席是英国保守派政治家、国际联盟的设计师之一塞西尔勋爵,以及法国人民阵线的左派领袖皮埃尔·科特。它还吸收了其他国家的政治家,如曼努埃尔·阿萨尼亚和爱德华·贝内什(西班牙和捷克斯洛伐克的总统);反帝国主义、和平主义和民族主义领导人,如印度人贾瓦哈拉尔·尼赫鲁和圣雄甘地;共产党员,如马塞尔·卡钦(法国共产党创始人);共产国际代理人(路易斯·多里韦)。社会民主党人和社会主义者(路易·德·布鲁克尔、所罗门·格伦巴赫、阿尔瓦雷斯·德尔·瓦约);宗教人士(儒勒·耶泽基尔);军队将领(保罗·普德鲁);运动员(菲利普·诺埃尔·贝克);女权主义活动家(加布里埃尔·杜尚);还有知识分子,如中国教育改革家陶行知、诺贝尔奖得主泰戈尔或著名诗人保罗·瓦莱里和费德里科·加西亚·洛卡,这是一个进步的全面运动,与反法西斯和人民阵线运动相联系。

RUP/IPC 在三个组织中心,即巴黎、伦敦和日内瓦,联手于 1936 年 9 月在布鲁塞尔组织了第一次国际活动,即"世界和平大会",这次大会产生了深远的国际影响,在佛朗哥将军发动政变后,恰逢国际社会对西班牙共和政府进行大规模动员。那年夏天,佛朗哥在希特勒和墨索里尼执政的德国和意大利政府的协助下,在西班牙迅速发展军事势力,并对马德里进行了轰炸,RUP/IPC 认为和平主义必须积极反对一些国家的侵略行为,同时批评法国和英国的自由主义政府的不交战和不干预。事实上,RUP/IPC 的部分成员,如皮埃尔·科特,塞西尔勋爵等来自国际联盟的外交精英,对于国际联盟在制裁侵略方面的无能和缺乏执行力感到失望。

布鲁塞尔会议聚集了来自 35 个国家的 5 000 多名与会者,除了个人的参与,会议还得到了其他组织的支持,这些组织共有 400 万成员,会议结束后参与者们举行了大规模的示威活动,并就如何应对战争的威胁,与如何"为和平而战"进行了公开辩论。尽管西班牙内战双方都使用了针对军事目标的空袭,但由德国和意大利空军领导的对马德里的空袭和对巴塞罗那的地毯式轰炸(没有涉及军事利益),成为一个信号,即轰炸平民成为一种新的军事战略,不仅是像哈拉尔这样遥远的城市,欧洲的中心城市皆有可能成为目标。因此,RUP/IPC 试图融合日内瓦的国际自由和平主义、来自印度和中国的反帝国主义,以及象征法国人民阵线和西班牙共和国的反法西斯斗争,这是一个复杂的思想话语组合,最终未能臻于融合。

这场辩论既发生在知识聚集地(如索邦大学),也发生在小城镇和三线城市。1936 年 10 月,在富热尔地区,来自工会和左派政党的 450 名与会者对共产主义青年团书记介绍的阿比西尼亚和西班牙代表表示欢迎。同时,曼彻斯特附近的工业区博尔顿的市长、当地教会和工会组织了一个团结周活动,表达对这两个国家的支持。这些运动既是地方性的,也是全球性的,吸引了美国、墨西哥、苏联、波兰、捷克斯洛伐克、罗马尼亚、印度、埃及和中国的其他城市的注意,西方国家的追随者主要来自日内瓦的外交界和左派,而在西班牙、捷克斯洛伐克、印度或中国等地区,支持者更多,比如在中国,冯玉祥将军和国民党财政部长孔祥熙都赞同支持 RUP/IPC。

RUP/IPC 得到了共产国际的积极支持。事实上,ICP/RUP 受到了国际共产主义,特别是威利·明森伯格的影响。作为 20 世纪最重要的宣传家之一,威利·明森伯格在 1927 年组织了第一次反对帝国主义的国际会议(反帝国主义联盟),并在 1925 年成功开展了援助中国的活动。当希特勒在德国崛起后,他搬到了巴黎,继续他的政治活动,特别是专注于西班牙的战争、国际军的招募和支持西班牙共和国的医疗援助活动。1937 年秋,共产国际决定发起一场支持西班牙和中国的共同运动,认为这是一项保卫和平事业,就是反对佛朗哥和日本的侵略性民族主义,共产国际的这种设想以及宣传作为一种工作方式影响了 RUP/IPC。

然而,RUP/IPC 领导的社会运动变得太过庞大,太过全球化,太过异质化,不仅仅是作为苏联或共产国际的工具。1936 年和 1938 年这两年,恰逢法国、西班牙和中国的人民阵线崛起,是 RUP/IPC 的全盛时期,是一个短暂的"黄金时代"。1938 年 7 月在巴黎举行的关于开放城市空袭的会议,作为对广州市长呼吁的回应,达到了一个运动的顶点。这是一次多样化的国际活动,聚集了代表 34 个国家和 24 个国际组织的 1 000 多名与会者。不仅雅克·杜克洛以法国共产党的名义发言,其他的显然不是共产主义同情者的代表,如中国将军蒋介石或美国共和党政治家约翰·福斯特·杜勒斯,也发出了支持的信息。因此,RUP/IPC 运动具有共产主义的影响,但超出了共产主义运动的定义。

在开放城市空袭的会议上,印度民族主义领导人尼赫鲁将针对西班牙和中国的空袭(尼赫鲁曾访问过这两个国家)与英国蹂躏印度西北部地区、伊拉克和索马里兰的惩罚性侵略进行了比较。尼赫鲁认为:"我们今天可以看到法西斯的侵略把世界推向战争,我们有理由谴责它,并寻求与之斗争。然而,尽管法西斯主义在西方是一个最近的现象,但我们在很久以前就经历了它,只不过是以不同的形式和另一个名称:'帝国主义'。"因此,空袭是一种殖民主义疾病,与热带疾病不同,它是帝国主义侵略者人为地、有意识地挑起的。根据尼赫鲁的说法,欧洲帝国主义在周边地区的行为和法西斯主义在欧洲的侵略性政治之间存在着明显的连续性,这是一个逻辑链,连接着阿比西尼亚的哈拉尔市、喀什米尔的孤立市镇、中国的上海和武汉的城市中心,最后是西班牙的马德里和巴塞罗那。

在这种态势之下,RUP/IPC 和人民阵线的广泛政治联盟开始走向衰落。1939 年 9 月,欧洲第二次世界大战的冲突爆发了,关于积极和平主义这个概念的讨论突然显得幼稚和无用。此外,慕尼黑条约、里宾特洛甫·莫洛托夫条约危及了共产主义、左派、民族主义和自由主义成员在该组织中的共存。虽然俄国联盟/国际和平理事会批评了里宾特洛甫·莫洛托夫条约,然而,1939 年的事件对该组织的内部凝聚力造成了毁灭性的打击,该组织一直萎靡不振,最终走向消亡。由于 RUP/IPC 成立时间短,涉及该组织的学术文献很少。

本文重点讨论 1937 年至 1938 年间 RUP/IPC 的活动高峰期,当时西班牙内战和中国的抗日战争并存。1937 年 7 月的卢沟桥事变后,日本开始全面入侵中国,空袭成为日本军队的常见做法。在广州市长的呼吁下,RUP/IPC 的秘书长皮埃尔·科特亲自写信给法国所有城市的市长,呼吁公开谴责轰炸行为。反对公众城市空袭的运动在各个市政府中形成了一个大规模的支持运动,与中央政府的官方不干预主义形成了一种对照。在法国,有 200 多个城镇响应了皮埃尔·科特的号召;在美国,有 60 多个城市给了支持(其中包括纽约、洛杉矶、旧金山、底特律和新奥尔良等);在英国,伦敦市议会和其他主要城市作出了反应(曼彻斯特、布里斯托尔、格拉斯哥);其他支持该运动的城市有斯德哥尔摩、奥斯陆、布拉格、比尔森、日内瓦、洛桑、布鲁塞尔和安特卫普。RUP/IPC 建立了一种平行的城市外交,以对抗中央政府的消极态度。

这些城市对广州表达了声援,同时也关心空袭中的具体细节,因为担心自身很快就会成为下一个目标。就在第二次世界大战的爆发之前,当空袭成为一种常见事件时,巴塞罗那的医生 Josep Trueta 和 Duran Jordà 发布了一份关于医生和城市医院系统应如何应对空袭的报告。1939 年 3 月,"关于巴塞罗那空袭伤亡的医疗问题"的报告收集了 1936 年至 1939 年间发生在加泰罗尼亚城市的总共 350 次空袭中的 10 000 名伤亡人员的医疗经验。通过对这些经验的借鉴,伦敦市对即将到来的危险做了更充分的准备。但是随着和平的目标消失在 1939 年 9 月入侵波兰之前的黑暗气氛中,RUP/IPC 的活动也变得低落。

西班牙和中国的运动

RUP/IPC 的组织包括国家委员会(最高峰时成员国家达到 43 个)、附属机构(该组织作为其他协会的保护伞)和一个由法国和英国政治家领导的国际委员会。1936 年 2 月,RUP/IPC 的西班牙委员会在马德里的阿特尼奥成立,名称为 Unión Universal por la Paz(以下简称 UUP)。它由高层政治家和高级知识分子组成,其成员有:未来的国家元首曼努埃尔·阿萨尼亚、社会主义者胡里奥·阿尔瓦雷斯·德尔瓦约(未来的部长)、律师安赫尔·奥索里奥·加拉多(在被任命为西班牙驻巴黎大使之前,他将成为 UUP 的第一任主任)、医生特奥菲洛·埃尔南多和著名诗人安东尼奥·马查多。他们签署了该组织在西班牙的第一份宣言,但没有立即公布,因为在内战爆发前几个月,由于选举将使人民阵线获得胜利,所以民众仍处于"充满激情的环境",宣言得到了诗人费德里科·加西亚·洛尔卡(不久后就被杀害)的支持,并提到了意大利阿比西尼亚的危机,它还旨在提醒西班牙民众,战争的威胁越来越大。

当佛朗哥领导的政变和内战发生时,UUP 正准备派出代表团出席在布鲁塞尔举行的世界和平大会。在被任命为驻巴黎大使之前,UUP 的负责人,天主教律师安赫尔·奥索里奥·加拉多随西班牙代表团前往日内瓦,参加国际社会关于西班牙的辩论。会上他对西方列强的被动态度感到沮丧,这些列强阻碍了共和国政府在公开市场上购买武器,而国际联盟也无力确保西班牙有权对德国和意大利插手西班牙将军们的叛乱一事上进行自卫。

联合会还试图反击共和区中针对宗教活动的暴力。1937 年 11 月,RUP/IPC 国际委员会的副主席,新教牧师朱尔·杰泽基尔前往共和时期的西班牙,他访问了巴塞罗那、瓦伦西亚和马德里,目睹了城市居民为了避免空袭而控制夜间照明的生活。他还询问了共和时期西班牙的宗教习俗(他参加了几次新教的弥撒)和前线的情况,特别是马德里郊区的情况,他对共和国政府的宗教活动给予了肯定。

1937 年 1 月,IPC/RUP 在巴黎组织了一次会议,旨在为西班牙共和国筹集医疗援助。空袭即不仅针对城市,而且波及医院和救护车,这违反了日内瓦公约的规定。来自 11 个国家的医生承诺建立国家组织,并发起政治运动,向西班牙共和国输送医疗援助,招募志愿医生,购买医疗用品和救护车,送到共和国政府。转移到西班牙共和国的国际医疗援助在当时非常重要,会议不仅批评了欧洲各国政府的不干涉政策,而且还批评了红十字会——他们试图遵循严格的中立原则,这最终有利于佛朗哥将军及其德国和意大利的盟友,因为他们毫无障碍地给叛军提供武装。

红十字会/国际和平理事会的名称让人想起红十字会的创始原则,以及 19 世纪末出现在正式外交环境中的"国际和平会议"。然而,当战争在西班牙和中国发生时,由红十字会和国际联盟创建的大部分国际规则被证明是过时的,因为战斗人员和平民之间的分界线模糊不清,尤其是在空袭中。在西班牙,红十字会分为两个组织,一个支持佛朗哥,另一个支持共和国政府,这种划分违背了红十字国际委员会的规则。因此,国际红十字委员会(CICR)在西班牙承担了一个与救援无关的角色,其大部分精力浪费在交换囚犯上。同时,像国际红十字会(以下简称 MOPR,一个依靠苏联的国际组织)、国际卫生中心(CSI,总部设在巴黎)这样的左派组织,隶属于更广泛的 RUP/IPC 运动,派出了数百名医生、护士和医疗设备来帮助西班牙政府。尽管 RUP/IPC 确实直接介入了其中一些医疗援助行动,但它主要是支持这些行动并组织资助活动、会议、辩论会和宣传材料。

1937 年 5 月到 11 月,巴黎市举办了世博会,各国和国际组织可以在这里展示他们最具特色的文化和科学。巴勃罗·毕加索的格尔尼卡画作首次展出,展示了德国和意大利对巴斯克小镇格尔尼卡的空袭后果。轰炸发生在 4 月 29 日,彻底摧毁了巴斯克地区的格尔尼卡,该地区约有 5 000 名居民,有数百名受害者。从那时起,格尔尼卡画作已经成为战争中平民受害者的国际性象征。共和党的宣传品展示了空袭受害者的照片和图像,其中大部分是妇女和儿童。RUP/IPC 还在世博会上自行设置了一个展馆,即和平馆,旨在超越国家叙事,关注国际和平。因为世博会是以国家为单位的,所以这个展馆位于主会场之外,但它得到了法国政府的资助,而且成功地吸引了大量参观者。展馆内还有一幅画和一段维克多·雨果的语录,将战争定义为"巨大的死亡"。这句话与普德鲁的失败主义论调以及"空袭意味着一种相互保证的毁灭景象"的观点不谋而合。

1937 年 7 月,日军开始入侵中国时,西班牙正在纪念其内战一周年。尽管空袭不断,马德里、巴塞罗那和瓦伦西亚等城市仍在抵抗,同时,共和国政府正在马德里附近的布鲁内特战役中挣扎。这两场战争成为国际关注的焦点,不仅是因为它们在时间上的重合,还因为它们有一些共同的因素:空袭的普遍化,西方国家的不干预,整合了共产党和非共产党成员的政府联盟(西班牙的所谓人民阵线和中国的统一战线),由于苏联有意提供帮助,国际左派媒体将西班牙和中国打造为全球反法西斯战争的先锋队,根据这种叙事,马德里和武汉的顽强抵抗,象征着这两个城市的反法西斯精神。

1938 年 1 月,RUP/IPC 的中国委员会在武汉成立,名称为国际反侵略运动(以下简称 AAM)。AAM 在武汉设立了总部,直到武汉最终被日军攻陷,才不得不与中国国民党政府的其他部门一起迁往重庆。AAM 有 150 个附属机构和一个由 23 名成员组成的常设委员会,由国民党部长宋子文和他的妹妹、孙中山的遗孀宋庆龄担任主席。AAM 还在桂林、昆明、贵阳设立了地方代表团,在日内瓦、伦敦和巴黎设立了常设国际代表团,以开展对于中国有利的国际宣传活动。

与西班牙一样,RUP/IPC 向中国派出了一名特别记者,即英国记者 Vernon Bartlett。他在西班牙积累了战地记者的经验,在 1938 年初的两个月里,他去了香港、上海和武汉,并受到了蒋介石的接见,这也表明了该组织在当时的重要性。Bartlett 批评了西方政府的不合作态度,认为西班牙和中国不仅在为自己的生存而战,也在间接为大英帝国而战。因此,他呼吁西方大国尽快做出回应,特别是回应医疗援助方面的迫切需求。Bartlett 在上海最严重的一次空袭中见证了闸北区的毁灭,这个区就在租界旁边,苏州河的对岸。他对租界表面上的正常生活感到震惊,这里是中国的主要经济中心,也是英国主要的殖民利益所在,人们坐在酒吧的露台上,看着河对岸的战争发展。回到欧洲,Bartlett 在维也纳看到了犹太人是如何被迫在其他行人的漠视下跪着打扫街道的。把阿比西尼亚、西班牙、中国和维也纳的景象放在一起,这位记者认为一场全球战争即将来临。

联合会成立后,RUP/IPC 在伦敦组织了一次重大活动,召开了一个名为"拯救中国,拯救和平"的国际会议(1938 年 2 月 12 日至 13 日)。会议呼吁大规模抵制日本产品,并呼吁必须参加对中国的医疗援助。作为 RUP/IPC 的国际秘书,共产国际代理人 Louis Dolivet 是这场运动的幕后推手,他复制了

Münzenberg 的组织模式,特别是 1925 年的反帝国主义运动(名为"向中国伸出援手!"),随后大规模抵制英国和日本商品,并在上海举行反对外国帝国主义的示威游行。此外,共产国际 1937 年 10 月的一份机密文件呼吁所有工人阶级政党开展"以保卫遭受攻击的西班牙共和国和中国为主题的大型运动"。

在伦敦举行的会议聚集了 21 个国家的 800 名成员,呼吁其政府停止与日本的所有贸易。会议设立了一个专门的援华委员会,由英国贵格会改革派人士 Margery Fry(也是英国第一批女性治安官之一)领导。该委员会做出了以下决定:在国际上组织资助活动,向中国提供医疗援助,将这些活动集中在具体的医疗需求上,如为遭受空袭的医院提供救护车或医疗用品,并建立一个国际合作委员会,监督国内正在开展的活动。

就在会议结束后,RUP/IPC 又派了两名记者作为该组织的代表来到中国:《巴黎晚报》的编辑,法国人皮埃尔·西泽,以及《芝加哥每日新闻》的埃德加·E·莫勒。西泽再次采访了蒋介石,并目睹了广州的空袭,广州是中国沿海唯一没有被日本侵略者占领的城市。在这些国际媒体的报道中,广州经常被拿来与巴塞罗那做对比。3 月,巴塞罗那遭受了历史上第一次大面积的连续空袭,后来被称为地毯式轰炸或闪电战。1938 年 6 月,空袭的负面影响已经相当突出,当时广州市长发出了求助信息,RUP/IPC 决定在 1938 年 7 月组织一次关于这个主题的国际会议。

反对空袭的国际会议

1938 年春天,RUP/IPC 的反空袭运动势头强劲,巴塞罗那和广州被轰炸后,童尸的图片引起了国际社会的抗议和示威。5 月,红十字国际委员会虽然公开谴责轰炸城市的行为,但并没有向任何政府发出呼吁,而是遵循严格的中立原则与西方国家的不干涉政策。尽管中国和西班牙政府对敌方城市进行了空袭,但其影响仅限于军事地点(偶尔会击中民用目标),没有对城市进行彻底轰炸。因此,与其他国际组织和中央政府难以捉摸的论调相比,RUP/IPC 对佛朗哥、意大利、德国和日本的明确定位,有利于其在国际上的扩张,获得全世界的支持。

6月中旬,RUP/IPC 的英国委员会和下属的一个左派组织——中国运动委员会组织了"广州抗议周",去日本大使馆前和下议院里示威游行,呼吁停止与日本的所有贸易。在塞西尔勋爵的赞助和中国驻伦敦大使馆的支持下,中国运动委员会于 1937 年 9 月成立,与 RUP/IPC 一样,它整合了各种左派知识分子、劳工政治家、西班牙国际旅的前志愿者、共产党员(本·布莱德利、亚瑟·克莱格)、印度编辑和后来的民族主义领导人 V. K. 克里希纳·梅农以及在伦敦的中国旅居者(如外交官顾维钧的儿子 Pat Koo,以及 Shelley Wang)。这个新组织的重点在于抵制日货,批评对中国开放城市的空袭,支持对中国进行医疗援助,支持 RUP/IPC 的大部分活动,如"关于轰炸开放城市和恢复和平的世界行动会议"。

这次会议于 7 月 23 日至 24 日在巴黎举行,来自 34 个国家的 1 000 多名与会者参加了会议,成为 RUP/IPC 组织的最大活动之一,会议由西班牙议会主席马丁内斯·巴里奥先生和中国国学院院长李华玉先生主持,西班牙的冲突使得该组织的自由派和左派成员之间产生了分裂。因此,皮埃尔·科特和塞西尔勋爵的开幕词基调试图兼顾外交和平衡,强调了该组织的非政治性,同时批评了大国的缺乏承诺,这种偏见在接下来的讨论中继续存在,相当抽象地提到了为和平而战的必要性和对开放城市进行空袭的野蛮性质。然而,在更具体的层面上,马丁内斯·巴里奥解释了西班牙四个城市(巴达洛纳、布拉内斯、阿利坎特和格拉诺勒斯)的情况,李玉英提到了他最近对武汉的访问,而尼赫鲁则谴责了英国对印度西北地区的轰炸,这些城市尽管没有任何军事利益,但还是遭到了轰炸。

尼赫鲁还告知,一个由印度国民大会支持的医疗团将被派往中国。该医疗团由医生 Menhanlal Attal 率领,他是参加会议的印度代表团的一员。来自北方邦的阿塔尔医生作为战地医生在西班牙获得了丰富的经验,他将带领一个由五名印度医生(M. Cholkar、Dwarkanath Kotnis、B. K. Basu 和 Debesh Mukherjee)组成的团队,于 8 月离开英国,于 1939 年 2 月到达延安共产主义地区。如果说对西班牙的国际医疗援助是由巴黎协调的(主要是通过国际卫生中心），那么对中国的医疗援助活动则以伦敦为基地，由几个组织（其中包括中国运动委员会）领导，不过这两股援助力量也彼此穿插，有利于医疗创新的普及。

英国议会自由党议员理查德·阿克兰德回应了尼赫鲁的指责，声称英国的公众舆论对印度的这些做法感到羞耻。他还宣布，英国代表团正在资助另一个在中国的医疗代表团，将在中国建立一个国际和平医院，同时在西班牙建立了血库，可从献血者（志愿者）的名单中提取、保存、运输和运送血液给前线或城市医院的伤员。这要归功于两位医生的领导，他们是马德里的加拿大医生诺尔曼·白求恩和巴塞罗那的加泰罗尼亚医生弗雷德里克·杜兰·约达。白求恩是一位著名的胸外科医生，于1936年11月抵达马德里，当时该城市被围困并经常遭到轰炸，在不到六个月的紧张活动中，他创建了加拿大输血服务中心，这是一个开创性的血液提取、保存和运输中心，他还关注空袭，并拍摄了一部关于马德里空袭的纪录片（题为"Madrid bajo las bombas"），同时出版了一本关于马拉加路线上发生的爆炸事件的插图书。

白求恩离开西班牙前往加拿大之后不久便决定前往中国，当反空袭会议在巴黎举行时，他已经在偏远的晋察冀地区（位于山西—察哈尔—河北边境地区的五台山）担任战地医生，隶属于由共产党将军聂荣臻、朱德、毛泽东领导的八路军。1938年夏天，中国运动委员会、英国RUP/IPC委员会以及加拿大和香港的一些其他组织为在中国共产党最孤立的地区建立国际和平医院提供了资金，这家医院将由白求恩大夫领导。然而，白求恩大夫于1939年11月死于败血症，由科特尼斯代替阿塔尔参加印度医疗团，领导国际和平医院，该医院将更名为白求恩国际和平医院。

空袭会议也是一个平行城市和非政府外交的平台，对大多数国家的官方不干预政策提出了挑战，来自法国、英国、美国、墨西哥、瑞典、挪威、瑞士、捷克斯洛伐克、新西兰、比利时、印度、埃及、南非和巴勒斯坦的数百个城市和城镇表达了声援，但就行程结束时提出的具体建议来说，其影响相当有限。会议的结论是，应允许西班牙和中国购买用于自卫的武器，接受财政和医疗帮助，并为平民人口疏散到安全区一事提供便利。RUP/IPC还承诺组织一场禁止空袭的国际运动,发起对日本的抵制,并向两国输送医疗援助和基本物资。最后,还向美国总统富兰克林·D·罗斯福发出了一封公开信,请求帮助。

与此同时,巴塞罗那,这个受空袭影响最严重的城市之一,却对会议的结果并不十分热心。他们怀疑这些善意的声明是否意味着该城市的局势会发生变化,而西班牙内战中最激烈的战斗(埃布罗河战役)就发生在150公里之外。法国和英国在RUP/IPC中的领导地位也被人怀疑,因为这两个国家领导的不干涉政策一直在干扰共和党政府的能力发挥。

会议结束后,随着法国人民阵线(它是RUP/IPC的主要资助者)的分裂和德国对捷克斯洛伐克的侵略,RUP/IPC的危机就变得很明显了,这个国家在RUP/IPC的活动部署中起到了重要作用。大会结束几个月后签订的《慕尼黑协定》,给该组织的"积极和平主义"立场带来了沉重打击。另外,该组织向法国和英国殖民政府提出请愿,要求他们开放在中国边境的边界(英国在缅甸,法国在印度支那),允许向中国运送医疗援助,特别是在中国所有沿海城市都被日本人占领的时候。这一呼吁凸显了英国和法国在亚洲的帝国主义利益,同时令RUP/IPC的英国和法国分部内部以及这些委员会与他们的殖民地对应方之间产生了越来越大的分歧,1939年,当RUP/IPC的印度委员会宣布在尼赫鲁的故乡阿拉哈巴德召开会议,并邀请中国代表团和中国外交部宋子文参加时,这种分歧扩大了。

武汉的中国媒体对RUP/IPC组织的运动采取了更加积极的态度,特别是关于抵制日货的部分,这一运动在美国日益壮大,直至成为一项官方政策。同时,RUP/IPC组织了更多的会议和示威,更多的城市如金斯敦(牙买加)、拉巴斯(玻利维亚)和科伦坡(锡兰)表达了支持的意愿。但针对西班牙和中国的空袭仍在继续,在1938年底和1939年初,武汉、广州、巴塞罗那和马德里都落入侵略者之手,西方国家的不干涉政策没有重大改变。1939年1月,在张伯伦访问墨索里尼之前,一个由700名RUP/IPC成员和同情者组成的庞大代表团希望与英国政府会面,甚至没有被接待。直到1939年夏天,RUP/IPC还在继续组织支持国际和平的会议和示威活动。但关于RUP/IPC失败的看法是正确的:和平主义是一场失败的战争,一场重大的全球冲突是不可避免的。

结　论

对开放城市的空袭处于围绕帝国主义、法西斯主义和民族主义的激烈讨论之中，这些讨论在第二次世界大战开始前的几年中主导了公共辩论，辩论深入探讨了使战争变得人性化的可能性，以及遭受其他国家的侵略时，特别是尼赫鲁所说的"强烈的民族主义"，可能以帝国主义或法西斯主义的形式表现出来时，和平主义应当支持军事行动的事实。其他国家如捷克斯洛伐克、中国或西班牙也声称他们有自卫权，但 RUP/IPC 并没有确定民族主义在使用武力方面的限制。因此，RUP/IPC 反对使用空袭的呼声虽然是善意的，但未能被听到。1939 年 9 月波兰被入侵后，空袭变得很普遍，不仅是华沙、伦敦、鹿特丹、明斯克、仰光、新加坡和马尼拉等城市，德累斯顿、汉堡、柏林、东京、广岛和长崎也同样遭遇了空袭。

然而，该组织的其他声明影响力更加持久，RUP/IPC 认为，国际联盟的效率低下以及法国和英国的不干涉政策是欧洲力量减弱以及苏联和美国作为全球大国崛起的明显标志，还认为曾被欧洲国家殖民的地区或曾遭受帝国主义或法西斯侵略的地区获得了解放，尽管该组织由巴黎和伦敦这两个帝国主义主要力量的首都进行管理，但它试图发起一种反帝国主义的话语，这种话语在未来会获得关注，特别是在中国和印度，促使这两个国家的相关民族主义领导人发出声音。最后，该组织在会议中明确提出需要建立一个更广泛的反法西斯联盟来对抗意大利、德国和日本，该组织率先召集不同背景的成员，包括共产主义者、左派、民族主义者和保守派。

尽管当我们回顾 1938 年时，该组织的一些政治话语和他们的声明可能显得很幼稚，但 RUP/IPC 是不同背景的领导人和知识分子之间建立联系的有效手段，包含着知识的转移和调解，关于如何救护空袭受害者的医学知识和如何进行医生的转移的经验是这些会议的宝贵成果，它也是一个国际领导人可以在平等基础上讨论国际关系问题的平台，这些也许是 RUP/IPC 的最持久的遗产。

全球红色文化资源开发利用对上海的启示

姚　霏*

本篇报告分为三部分,一是当代中国红色文化资源开发利用的情况,二是海外红色文化资源开发的情况,三是对于上海的启示。

第一部分,当代中国红色文化资源开发利用可以总结为以下几个模式:其一,博物馆开发模式,包括我们一些旧址遗址的开发,或者建成博物馆等等。其二,红绿结合开发模式,就是把红色文化、红色旧址遗址和绿水青山、自然资源结合在一起开发。其三,红古结合模式,和一些古迹结合在一起开发。其四,体验导向开发模式,崇尚体验,比如说井冈山会有一些体验式的开发。其五,还有一些打破地区和部门界限的模式,例如长征,现在长征沿线开辟了很多旅游线路,这是打破地区和部门界限的开发模式。其六,红色演艺模式,各种各样的红色演艺。其七,学术话语建构,比如说西柏坡,就是提升红色文化的学术话语。这些模式主要可分为两大类,一类是落实于物质的革命依存,另一类是非物质的革命遗产的物化和活化。这就是我们国内的情况。其八,都市模式,城市的区位优势和经济文化环境可为红色旅游的发展提供最好的依托和带动,红色旅游与丰富多元的都市文化和经济内涵相互交融,获得发展的源泉和动力。以北京为例,北京的红色旅游开发充分依托了其作为首都的区位优势。作为首都,北京集聚了众多的中央党政军机关、各国驻华使馆和各类国际组织,是全国性活动、国际会议和国际重大赛事、文化交流活动的主要举办地。

具体到资源开发所采用的手段和方式,则主要可归纳为两大类。一种是

---

* 　姚霏,上海师范大学人文学院副教授。

对于物质的革命遗存的保护、开发和对公众开放；一种是对于非物质的革命遗产的"物化""活化"，即通过物质载体再现当年革命战争的残酷、革命精神的高远、革命事件的内幕。

笔者在这里想提出一个观点：其实红色文化应该可以分成狭义和广义的。狭义的红色文化当然是指我们中国共产党在领导人民实现解放的过程中，或者说社会主义建设过程中形成的这样一种文化。但是笔者认为，广义的红色文化，还是整个世界的社会主义运动历史进程中形成的内容。基于这一观点，笔者研究了海外的红色文化资源开发利用，我们也应该参考一下海外经验。我主要了解了俄罗斯、越南、朝鲜、古巴、德国、英国这几个国家的红色文化资源的特色，查阅了一些资料，了解了他们红色文化资源开发的特色。然后提出了一些概念，其实他们开发利用分两种形式，一种是国家政府保护开发的，还有一种是社群自发的。在具体特征方面，有很多跟我们国内情况也很相似，比如说旧址遗址的保护开发，包括文化纪念馆的建设，旅游线路的设计，还有演艺、文创、红色学术资源的再建等等，这些模式也是海外红色文化资源开发利用的主要模式。而且其中有一个很大的特点，即他们非常重视跟中国红色文化资源的对接，这一点是表现得非常明显的。

笔者想更多地讲一讲海内外的红色文化资源开发利用的模式对上海有哪些启发。上海的红色文化其实是有自己的特色的，它是跨时代性的，跨越了革命时期、社会主义建设时期和改革开放时期，这一点是上海红色文化一个很大的特点。同时上海的红色文化资源还具有全球性，比如说上海是马克思主义的传播地、远东工运中心，包括改革开放的前沿阵地等等。

所以在这样一个维度之下，上海红色文化资源的开发利用应该要参考一些国内外的经验。笔者在这里提出几个需要注意的问题：第一，文化资源的进一步挖掘，这一点我们一直在努力做。但还可以注意，不要仅仅局限于1949 年之前的革命时期，上海红色文化资源不仅仅是革命时期的，还包括整个建设时期的，改革开放时期的，这方面的资源挖掘可能做得还不够，目前全国也还没有形成这个领域挖掘开发的一种特色和模式。上海完全可以做一个领头羊。

第二,红色文化资源的保护利用要突出重点和放大亮点。这一点上海也是很努力在做,包括今年老渔阳里二号更换牌子,这是很了不得的事情,当然我们还是希望能够把中共中央局机关旧址这一块牌子也能放上去,其实这个也很重要,这也是一个突出重点、放大亮点的举措。

同时上海革命时期的红色文化的特征,就是中共中央长期在上海有很多机关,应该要把这些机关系统地保护,系统地标识,这样能够催生一系列的文化产品,这一点是我们接下来要重点去做的工作。

除此之外,笔者特别想指出,从海内外的经验来看,我们有一些接下来该重点去做的事情。比如说上海红色文化资源开发,目前场馆很多,但是联动很少,特别是红色文化的旅游线路其实是不多的,因为笔者自己一直带着学生到处调研,所以比较了解这个情况。我们要充分利用上海的文化资源,比如说名人故居,名人故居是上海城市一个很重要的文化资源,很多名人故居,有些是红色人物的故居,有些不一定是红色人物的,但它里面发生过很多红色的事件,也是我们中共亲历的同行者的旧居,这个也可以好好利用和保护起来。同时我们也要借鉴其他城市的经验,比如说把一些博物馆、纪念馆,红绿相结合,红色文化资源和自然资源相结合,把革命时期、社会主义建设时期、改革开放时期的红色资源联动起来。最近有一些线路可以开发一下,比如上海陈云故居、张闻天故居,均位于郊区,其实就可以和周边的自然风光或者和新农村建设的成果结合在一起,设计出比较成熟的线路。

还可以从长三角联动、海外联动的思路来考虑。中国共产党酝酿初期的主要成员,早期组织的很多成员,陈独秀、陈望道、沈雁冰、俞秀松、施存统等等,基本上都来自长三角,我们利用长三角一体化的战略,可以打造以中共创建时的人物或者说事件为主题的文化资源的联动。甚至于我们还可以有跨国的合作,比如说像《共产党宣言》,它是由国外传播到中国,我们可以和英国的马克思故居、德国的马恩故里等等,进行一些合作,这其实是很有意义的事情。

还有一个问题,也是上海目前红色文化资源利用开发当中的一个薄弱点,就是如何讲好红色故事。我们说我们有很多的纪念馆,很多的旧址,我们也开发了很多，但这些场馆都存在一个比较大的问题，即，我们的讲解停留在一般的讲解上，或者说讲解员都不太有激情。应该培养一支能够进行专业和生动特色讲解的讲解员队伍，同时要培养能够把各个红色文化资源串联起来的专业导游队伍，这个也很重要。笔者认识一些导游，曾问他们：上海有没有好的红色文化线路？他们说现在不太多，而且即使有，他们都不知道怎么讲。所以笔者认为这是一个问题。我们现在还可以看到，有很多自发步行在城区里面寻找各种文化遗址的背包客，他们成为我们城市文化寻访的主流力量。对于他们而言，他们也很需要这方面的资源。目前，笔者跟笔者的学生团队正在着手做的一件事情，就是设计行走路线和编制可读性强、内涵丰富的红色线路的全套介绍文案，同时我们还会利用一些我们自己学校的资源，培养一些宣讲团的成员，让他们能够讲一些这样的故事，拿着这个文案能够讲解，能够带着大家去走，这点也很重要，如果有可能，也可以将这个方法进行推广。

最后，根据国内外的一些经验，我们也发现文创产业其实是很重要的。上海这些年有一些文创或者文艺演出的红色经典，在国内是很有影响的，比如说《永不消失的电波》这个舞剧，至少在国内影响是比较大的，而且反响非常好，它其实就是把上海的三种文化结合得特别好，有江南文化的底蕴，很多舞蹈都是典型的江南氛围；有海派文化，上海城市文化，是 20 世纪三四十年代谍战的氛围；还有红色文化的基调。像这一类的红色文化作品应该要推广。同时我们的文创产品，其实也要考虑进行创新，我们以前的文创产品做得像旅游纪念品，不太大气。其实我们有很多资源可以利用，在古巴，当地人把格瓦拉肖像印在各类的服饰物品上面，还有英国的汉姆斯态德小镇——就是马克思写《资本论》的那个地方——就把马克思的头像、《资本论》的图像印在明信片、咖啡杯上面，我们其实也可以借鉴一下。比如说至少团中央纪念馆可以做一些《新青年》杂志外观的笔记本等等。我听说现在上海戏剧学院专门有文创团队在做这个事情。

最后再提一点，要整合红色文化的信息，要建立一个发布的平台等等。

总之，我们要用足、用好我们的红色文化资源，必须要放眼全国，参考海外。当然，市级部门在整体规划、政策制定等等各方面要起到很关键的作用。

大数据时代城市治理的社会主义文化引领权建设

——在 2020"红色文化与人民城市"论坛上的发言

彭召昌[*]

非常感谢朱鸿召老师的介绍。我非常荣幸能够参加这次论坛,从各位党史文化研究专家这里学习新的知识。我是从美国留学工作 20 年之后,回到复旦大学入职马克思主义学院的。我在 1993 年进入复旦大学读本科时,专业方向是国际政治,毕业后继续同领域的硕博连读。政治学和国际关系是我在复旦科班学习的领域。后来我留学美国,先在康奈尔大学政府系继续学习国际关系。两年之后,出于对马克思主义政治经济学的兴趣,我转学到了麻省大学经济学系,攻读马克思主义政治经济学的博士。2010 年留美工作之后,在新的教学岗位上,以一种跨学科的方式,试图对政治、经济、国际关系,还有哲学和历史,进行马克思主义理论指导下的整合。所以,我今天的题目,是以马克思主义政治经济学视角为切入点,多角度、跨学科地发掘红色文化的当代意义。

今天一开始,我对徐建刚校长讲的两点非常有感触。第一点就是红色文化的当代价值。红色文化发源于革命年代,那么在我们这个新时代,一方面要挖掘红色文化的当代意义,另一方面也要记住我们的社会主义初心。从革命年代进入到建设年代、改革开放年代和新时代之后,怎样用社会主义文化继续引领新时代的各项建设,坚持社会主义道路不动摇,是一个很大的挑战。联系到我们现在所处的大数据时代,科技对社会的冲击很大,尤其是大数据时代产生了一些基于非公有制垄断资本的新的社会力量。我们怎样才能在

* 彭召昌,复旦大学马克思主义学院副教授。

大数据时代发扬社会主义政治的本色,怎样用社会主义国家机器有效地引导这样一种新的社会力量,把它维持在为人民服务的轨道上而不脱轨,继续保持社会主义文化对科学技术社会运用的引领,这是我的关注点。

我也非常赞同徐校长讲的关于城市中心地位的问题。我们在革命年代的"农村包围城市",的确不同于苏联,但这只是一种手段,一种迂回的策略。到最后,我们还是要走到城市来,以城市建设带动乡村建设。因为城市自五千年前文明诞生的时候,就是人类最突出的亮点之一,是人类文明诞生的标志之一。到现在,城市作为人类文明标志的特性也不过时。人类城市化的进程随时可能出现一些新的变化和调整,但是现在,即便我们在提"乡村振兴"战略的时候,其中也少不了"以城带乡"这样一个要点。所以我今天这个题目,就紧紧围绕城市这样一个国家治理的子系统,探讨怎样用社会主义文化来引领大数据时代的城市治理。

一、大数据时代的国家治理：一般框架

首先介绍一下今天主题的一般分析框架。这一框架产生于下面这样一个问题：大数据时代到底是一个什么样的时代,它有怎样的基本特点?

我是分两类特点来看的。第一类是大数据时代在技术层面上的特点。大数据在我看来,关乎信息的社会传播和集聚。现在是信息爆炸的年代,数据传播的速度加快,并且覆盖到全社会而没有死角。但信息并不是没有任何规律的随意传播,实际到最后,会聚集到一些比较有影响、有实力的平台上。这就是信息传播的社会化和集聚化,这是从技术层面上讲。

第二类是大数据在社会经济层面上的特点。社会经济维度是马克思主义政治经济学非常看重的维度。我们在介绍马克思主义政治经济学原理的时候经常讲,资本主义社会的基本矛盾是什么? 它是社会化大生产和生产资料资本主义私人占有之间的矛盾。这实际上突出了生产力和生产关系之间的矛盾关系。

那么我们在分析大数据的社会经济特点时,也可以借用这个基本逻辑。

我认为,大数据的社会经济效应,可以归结为信息社会化和信息占有形式之间的矛盾。说白了,社会化了的信息控制在谁手里,是由谁来把握,这个问题很关键。我们不能想当然地说,信息技术飞跃了,信息爆炸了,信息社会化了,人民群众就会自动享有信息无所不在的好处。关键还要看信息的占有形式是怎样的。如果社会化了的、集聚了的信息,其占有形式是以资本主义私人占有制为主导的,就像在西方资本主义国家那样,那么对于公众、对于人民群众而言,信息的无处不在还未直接成为一件造福人民的好事。

只有在社会主义条件下,当社会化的信息与以公有制为主体的占有形式,与社会主义国家治理相配套的时候,才能真正做到为人民服务。所以我非常强调大数据国家治理的社会主义方向。在技术层面上,政府一定要发挥信息平台搭建的主导作用,有效推动信息传播的社会化和集聚化,使个人利益和社会公共利益有一个得以进行协调、协同的前提和基础。然后在社会经济的层面上,我们不能忘记社会主义的初心和使命,要充分发挥政府在促进社会平等方面的作用,以人民为中心,把以公有制为主体的社会主义基本经济制度的精神贯彻到社会化信息的占有形式这一领域中去,同时也依靠国家治理现代化,积极引导非公有制形式的社会化信息为人民群众、为社会公共利益服务。

二、大数据时代的城市治理:社会主义文化引领权为何重要

下面谈一下,为什么在大数据时代,城市治理需要进行社会主义文化引领权建设。

首先,从历史的维度看,社会主义文化对于中国革命和建设一直都很关键。我想从正面和反面这两个不同角度来讨论这个问题。正面的经验,我们都很清楚。不论从中国共产党的创立史,还是之后夺取政权的历程、进行经济建设和改革开放的历程,中国共产党一路走来,一百年间取得了如此辉煌的成就。那么这背后很重要的一点经验,就是中国共产党能够凝聚人心。首

先,中国共产党作为中国无产阶级先锋队,打造了一种先进的文化,先锋队成员需要具备优秀的马克思主义理论素养。然后,这样一种先进的社会主义文化,从先锋队进一步扩散到工人阶级和工农联盟,这是构建社会主义社会的基本社会力量基础。这种基础是由马克思主义的先进社会主义文化引领凝聚而来,没有这种基础,我们是无法夺取政权,也无法进行社会主义现代化建设的。

但是光靠先锋队、工人阶级和工农联盟的基本社会力量还不够,我们还是要发动和影响全社会,因为人民不光是指工农阶级,它还包括全社会中不属于工农阶级的其他一些社会成分。不论是在新民主主义革命时期,还是在社会主义革命和建设时期,抑或是当前以市场经济为经济建设重心的改革开放时期,全社会都不断发生着阶级阶层方面的重大变化,存在着以非公有制经济成分和非按劳分配形式为依托的非工农社会力量或明或暗的生成和壮大。这就要求我们,要把全国各阶层人民都凝聚在中国共产党所倡导的社会主义文化之下,引领所有的社会力量为社会主义和人民大众的利益服务。这是我们共产党文化建设的一个基本的正面经验。

从反面教训的角度看,我们可以观察一下西方的情况。我们以西方马克思主义早期代表人物葛兰西为例。20世纪二三十年代,葛兰西是意大利共产党的领导人。那个时候,由于已经进入帝国主义时代,帝国主义国家可以依托垄断资本从殖民地半殖民地搜刮来的垄断利润,对本国工人运动进行收买和腐蚀,欧洲相对先进的资本主义国家的工人运动遇到了很多挫折。因为工人贵族的产生,修正主义、机会主义倾向的滋生和蔓延,使得共产党作为无产阶级先锋队组织意欲引导整个工人运动朝超越资本主义的方向发展的努力,面临着巨大的困难和挑战。由于先进的社会主义文化对于工人运动和革命事业的引领权建设发生了危机,发达资本主义国家在帝国主义时代的经济基础发生了对国际共产主义运动不利的变化之后,其社会主义革命的前景就越发地暗淡了起来。葛兰西在被捕入狱后写作的《狱中札记》中提出了"文化霸权"的概念,意指资产阶级在政治统治权之外,还在文化领域建立起了整个社会的观念领导权。也就是说资产阶级的意识渗透到工人队伍中间,资产阶级对工人阶级产生了一种文化霸权。按理说,新社会的革命阶级,是应该有一个独立自主的先进文化意识的,但由于资产阶级文化霸权的思想控制,反而被资产阶级意识牵着鼻子走,这是一个反面的教训。而俄国革命的成功经验则告诉我们,列宁主张把马克思主义先进的无产阶级自觉意识灌输到共产党先锋队组织对于工人运动的领导中去,是多么的可贵。两相对比,我们会发现,社会主义文化是多么重要,作用多么巨大。

这里我还要澄清一点,为什么使用"文化引领权"一词,而不是"文化领导权"? 在我看来,"引领"和"领导"不太一样。如果使用"领导"一词,比如中国共产党要领导整个社会的一切工作,包括经济工作、文化建设等等,但"领导"一词是一个日常的话语,给人一种"你只要发挥集中统一、统帅一切的作用就可以了"的感觉。我们在社会主义市场经济条件下,肯定需要中国共产党进行日常的文化建设的领导,发挥领导的职能。但在我看来,光"领导"还不够,还应该进行主动积极的"引领"。也就是强调,你要站在全社会,站在所有人民群众的前面,当一个排头兵。你要先行一步,你必须要有一定的前瞻性、预判性。也就是说顶层设计这个东西,真正贯彻好,就要有一种预见性、洞见性的领导,这种领导,不同于一般意义上的领导,用"引领"一词更能把握其中的深刻内涵。尤其在大数据时代,信息爆炸,有很多突发事件,如果事先没有一种思路上、制度上、战略上的先行一步的观念,到时候遇到一些突发事件,就很难保证能够发挥稳定坚强的领导作用。在我看来,大数据时代尤其是一种挑战,我们一定要强调"引",要先行一步,要有这样一种意识才能有效应对这种挑战。

三、以上海市"一网统管"的大数据城市治理为例

我现在就以一个我们身边的典型案例,来说明社会主义文化引领权建设对于城市治理贯彻"以人民为中心"的原则、建好"人民城市"的重要意义。这个例子就是上海市正在积极推行的"一网统管"模式。

2020 年初,上海市城市运行管理中心批复成立。这个中心首先是一个政

府创新,因为它并不是一个额外设立、拥有自身编制的新机构,而是对市政府办公厅现有资源进行整合后所创造出来的一个新职能。相当于把旧有的资源重新组合,负担起了更多的责任。因此,它本身就反映了大数据城市治理的高效,代表着政府管理创新的一种精神。

从技术角度来看,它的确是发挥了非常强的政府集中全社会大数据的职能,起到了一个高效平台的作用。比如说上海市委书记李强曾经用"一屏观天下、一网管全城"这样一句话,来形象地总结上海城市运行管理中心所代表的大数据城市治理模式的效应。一屏观天下,也就是你在办公室里面放置一个大屏幕,全市哪个红绿灯出了问题,哪个玻璃幕墙出了问题,你就可以立即调出那个地方的镜头来,看看出了什么问题,然后立刻可以和在现场的工作人员进行对话;一网管全城,也就是所有的信息都集中在这里,你可以协调调度所有的部门,在不同的层级之间进行协同联动,处理好重大突发的风险事件。这就非常好地诠释了政府怎样发挥主平台的作用,怎样把大数据信息汇聚好,为个人利益和社会整体利益的协同打下坚实的信息基础。

从社会经济角度看,上海市"一网统管"概念驱动下的大数据智慧城市建设,也可以在贯彻落实"以人民为中心"的原则方面发挥重要作用。我提出社会主义文化引领权的概念,就是想重点强调,以上海"一网统管"为代表的大数据城市治理,应以确保大数据社会应用的社会主义道路为根本方向。在这一方向上,政府对大数据的治理可以分为两种,一种是政府从外部介入数字经济或者大数据经济,还有一种是政府从内部融入。

举一个简单的例子,可以让大家仔细地辨别介入和融入这两个词的差别。比如说共享单车,我们有不同的公司平台,就会经常发生人行道上堆满了共享单车,以致于行人连路都走不了的情况。像这种情况,典型的资本平台经济,他们实际上有寡头垄断竞争的性质,因而容易倾向于过量地布局共享单车。从马克思主义政治经济学的角度看,这就是一种生产过剩,或者资本投资过剩,于是挤占大量的公共空间道路,给行人带来了不便。从西方经济学的学理分析看,这就是一种典型的外部性,带来一种外部的不经济,产生了外部的负面效应。对这样一种马克思主义政治经济学和西方经济学都予以批评的效应,政府可以而且应该利用大数据进行干预,比如说你可以要求这些平台,让他们提供共享单车的具体使用数据,从而进行有利于公益的监管。这就是外部介入。

那么内部融入又是什么意思呢? 就是说政府直接成为平台的所有者。我们现在强调以公有制为主体,多种所有制形式共同发展,那对于平台经济而言,什么叫以公有制为主体? 我在这里大胆地设想一下,能不能由政府来扮演共享单车平台的角色——我自己来当平台,而不只是当你们非公有制平台的裁判。由政府来直接管理共享单车平台的话,提供共享单车服务就非常方便了,否则从外部干预私人资本的力量是很麻烦的一件事情,存在公私之间的博弈和交易成本,其结果的有效性也大大受到信息不对称的消极影响。而且严格地讲,私人资本主导下的共享单车并不是真正的共享,而是一种短租服务。只有政府经营的公有制平台才会让共享单车回归真正与人民群众共享单车的本质。这个就叫做内部融入,即政府自己就是市场的主体,而不只是在外面干预,而且这样才能真正保证共享单车的共享性。

四、社会主义文化引领权建设对 "一网统管"的推动作用

最后,我们来看一下,如果确立了社会主义文化引领权的意识,对"一网统管"的效果会带来哪些推动作用。

上海市城市运行管理中心常务副主任徐惠丽主任在多次讲座中提到,现在"一网统管"遇到三个挑战和问题,一个是成本问题,一个是适度问题,还有一个是温度问题。在我看来,社会主义文化引领权就可以提供这三个问题的一些解决方案。

先来看一下成本问题。大家知道,大数据给人的印象是一种高科技投资。但是不是说我们一定非得高投入,才能达到一种较好的治理效果? 如果以高投入为导向的话,这些高投入和最终要服务的人之间、和"以人民为中心"的原则之间,到底是什么关系? 社会主义引领权提醒我们,我们一定要有

"人民城市为人民"的城市建设理念。政府每次进行高投资的时候,要不要看它最后实施的效果？如果只是为了投资而投资,甚至说为了取得一种政绩的效果而进行投资,那么它实际上就会带来一种负面的效应。当今时代,全球经济遇到了两大问题,一个是资源和生态的约束日趋紧张,还有一个就是全球经济的下滑压力。在这种情况下,节省成本、提高资金利用效率是非常关键的。那么为人民服务的这种精神,就可以帮助领导者、决策者在条件许可的情况下节省很多资金。这的确是可以在实践中进行贯彻的。

第二个是适度问题。什么叫适度？大数据会带来海量信息的收集和集聚,很多专家于是会担心,这些数据收集和集聚之后会不会侵犯个人的隐私,会不会带来数据安全的问题。但这里面,其实隐含着一个怎样处理个人隐私和社会安全、社会公益的关系问题。如果大家只是去想个人隐私的问题,那恐怕就会陷入到西方社会主流的意识形态中去,也就是公私二元对立的陷阱。在我看来,关于大数据收集和分析是否侵犯隐私权的争论,主要是私人垄断资本自己制造的问题,而不是政府对大数据的治理和干预带来的。市场上的大数据平台把消费者的信息收集起来之后加以分析,就知道消费者的浏览习惯,给消费者推送东西,影响其消费习惯,其中也可能侵犯到消费者的一些个人隐私。还有些不法分子,利用这些数据窃取消费者的其他隐私信息甚至资财。所有这些东西是什么呢？根本就不是政府在侵犯公民的隐私,而是一些不法分子,或者有一定经济实力的垄断资本集团在做这样的事情。所以我们要看清楚,所谓的公私二元对立其实是不存在的,真正存在的是私和私之间的对立,即不法分子之私或者垄断资本之私同消费者个体之私之间的对立。而"公"实际上发挥了一种积极的作用。这里的"公"即政府对大数据的治理,而这恰恰是为了保护我们的个人隐私,同时能够保障社会的数据安全和公共利益。所以这个问题要想清楚,不能陷入西方的陷阱。

第三个是温度问题。我们社会中的一些弱势群体,比如说老人、小孩,或者一些经济上低收入的贫困人口,对于他们而言,他们由于某些原因享受不到这种大数据高科技带来的福利。我们怎样通过社会主义文化引领权,让他们也能够享受到这些好处？这就牵涉到"人民城市人民建",就是说人民群众有什么需要,能够有一个渠道反映出来,能够让我们的决策者知道,所以人民群众参与科技的社会运用的决策,是非常重要的一件事情。有了这样一种参与的机制,我们就能真正保障包括弱势群体在内的人民群众的利益。而且通过这个机制,也能反过来减少大数据收集和运用的成本。我们要研发那种成本尽可能低,同时也能够让大家上手即用、真正为人民群众服务的一些高科技软件和设施。

上海红色传说与红色革命记忆

毕旭玲 *

　　上海是党的诞生地和红色文化策源地，在红色文化酝酿、发展的过程中，以传播革命历史，讲述红色人物事迹和革命史迹故事等为主要内容的民间传说也在上海各地先后形成，并在民众中广泛流传，这些民间传说就是红色传说。在20世纪八九十年代的中国民间集成工作中，一部分上海红色传说资源得到了整理与保存，至今我们依然能在《中国民间文学集成》"上海卷"与各区县卷本中查阅到150则左右的上海红色传说。还有很多尚未得到整理的红色传说散布于其他各种文献和民众口头。上海红色传说是上海红色文化的重要组成部分，它不仅传承了上海民众对红色革命的集体记忆，更弘扬了上海红色精神，表达了上海民众对红色文化的深刻认同。

一、红色传说是一种独特的历史传说

　　学者对红色传说的研究起步较晚，相关论文寥寥无几，且基本上集中于21世纪的第二个十年间。这些论文对于红色传说的内涵、特征等还没有进行过仔细的分析，因此也没有广泛被认可的结论，可以说，关于红色传说的一切还处于探索中。本文认为：红色传说是在中国共产党领导中国人民实现民族独立和解放的实践过程中产生和传播的，反映新民主主义革命与斗争过程，表达对帝国主义、封建主义、官僚资本主义的批判，表现对共产党及其军队的爱戴和拥护等相关内容的民间叙事体裁。

　　从内容来看，民间传说大体上可以分为人物传说、历史传说与地方风物

---

　　*　毕旭玲，上海社会科学院文学所民俗与非遗研究室主任，副研究员。

传说三大类。红色传说属于历史传说类,但它与一般的历史传说又有明显区别,是一种独特的历史传说。历史传说是与历史事件有关的民间传说。它的内容与真实的历史事件密切相关,或叙述历史事件酝酿、发展的过程,或反映历史事件发生时各阶层、各方面人物的动态,可以分为史事传说与历史人物传说。而红色传说就是与红色革命历史有关的民间传说。

但红色传说又是一种独特的历史传说。一般来说,历史传说叙述的内容距今都较为遥远,绝大多数历经了成千上百年的沉淀,而红色传说的形成与传播不过是百年之内的事情,是一种历史较为短暂的历史传说。受传统历史传说的影响,历史短暂的红色传说的合法性常常遭受质疑,学者对它的研究也显得犹犹豫豫,裹足不前。这是一种僵化的研究方法,不利于民间文学、民俗学的学科发展。红色传说是一种历史传说,这是毋庸置疑的。它来源于真实的红色革命实践,是在真实历史基础之上的民间幻想叙事,其内容或叙述革命事件酝酿、发展的过程,或反映革命事件发生时各阶层、各方面人物的动态。

在中国古代,历史传说被当作知识传承的工具、教育的工具,甚至是社会治理的工具,同时还是建构民族认同、国家认同、地方认同的工具。

历史传说的产生是一个有趣的话题。我们知道早期历史知识和神话传说是密不可分的,中国上古史几乎就是神话传说构筑的历史。这既与早期先民以神话思维解释与记录社会发展史上的重要历史事件相关,也与先秦时期从事求神占卜活动巫官与掌管天文、星象、历数、史册的史官往往由一人兼任而形成的巫史传统有关。所以出身于史官世家的司马迁在写作《史记》时也辑录了众多来自民间的神话传说材料。可以这样说,民间传说中的历史传说最初就来自于用神话传说构筑的历史材料。比如笔者曾经带着研究生到河南登封去调研大禹传说,在当地听到的不少大禹传说,几乎就像是对《尚书·大禹谟》和《史记·五帝本纪》中的大禹历史记载的白话文翻译一般。

所以古人对待传说,尤其是历史传说相当慎重,把它当作知识传承的工具、教育的工具,甚至是社会治理的工具。苏轼在《东坡志林》中记录了一个"涂巷小儿听三国语"的故事经常被提及,如下:

王彭尝云："涂巷中小儿薄劣，其家所厌苦，辄与钱，令聚坐听说古话。至说三国事，闻刘玄德败，颦蹙有出涕者；闻曹操败，即喜唱快。以是知君子小人之泽，百世不斩。"

在这个故事中，三国历史传说同时担负了知识传承、道德教育与社会治理三重功能。儿童通过听说书艺人讲三国历史传说，了解了三国的一般历史知识；通过说书艺人传达的民众认同的刘备与曹操的忠与奸对比的形象，分辨了善恶；而历代统治者有意引导的"尊刘贬曹"倾向的形成和在民间的流行实际上是"忠君"观念的表现，对于稳固君主专政统治有积极的影响。

而且在漫长的古代社会中，不识字的民众占据了绝对大多数，与历史事件有关的历史传说不仅成为他们自我教育（代际教育）的重要工具，更建构起了民族、国家认同与地方认同，成为政府治理基层社会的重要工具。我们知道，在中国古代，历朝历代在县级政权以下都没有设置正式的政府机构，也不派遣正式的官吏进行管理，但基层社会大部分情况下还是比较稳定。形成这种情况的原因，除了依靠如家族这样的宗法组织，依靠如乡规、民约这样的民间准法律条文之外，还与历史传说建构的民族认同、国家认同、地方认同有关。比如炎黄传说建构了早期华夏族群认同，夏商周历史传说建构了早期国家认同，史事传说的地方化又建构了地方认同。

作为历史传说组成部分的红色历史传说实际上也具有重要的社会功能。但可能因为红色革命史距离我们较近，红色历史传说的种种功能，甚至是传说本身都往往被我们忽略。我们今天有必要对这些红色历史传说进行重新整理和再认识。

二、上海红色传说记录了民众的红色革命记忆

红色传说是上海民众红色历史记忆的重要载体。正如前所述，历史传说不是历史，而是以语言叙事方式表达的历史记忆。红色历史传说的产生与革命历史事件有时间差，是在革命历史事件发生一段时间之后，以民间叙事的

方式呈现的民众对红色历史的记忆。也就是说,上海红色传说既不是真实的革命历史,也不是口述的革命历史,它是表达民众集体记忆的民间文学体裁。本文对近两百则上海红色传说进行了整理,发现从内容上看有四类红色传说的数量很占优势,它们分别是:描述隐蔽战线斗争的红色传说、描述工人革命的红色传说、描述农民运动的红色传说,以及描述抗日游击队斗争的红色传说。

(一)对隐蔽战线斗争的历史记忆

上海是中国共产党最早开展隐蔽战线斗争的城市。所谓的隐蔽战线斗争,就是在敌人统治区内进行的秘密斗争,也就是我们通常所说的地下党活动。

中国共产党的隐蔽战线正式形成于 1927 年,其背景是大革命失败。1924—1927 年的大革命是国共两党历史上的第一次合作,而蒋介石叛变革命后挥起的屠刀也成为中国共产党成立以来遇到的第一次巨大损失。根据统计,从 1927 年 3 月到 1928 年上半年,约有 31 万共产党员和革命群众被杀害。大革命失败的惨痛教训引起周恩来等负责中央工作同志的重视,他们逐渐明白必须了解敌人的军事、政治动向,才能与强大的敌人作斗争,因此 1927 年 5 月,刚当选中央军事部长的周恩来就在军事部下面成立了以情报、保卫工作为重点的特务科。武汉特务科的工作仅仅持续了三个月。1927 年 8 月,中共中央机关从武汉迁回上海,进入租界隐蔽起来。

上海租界地区范围较广,华洋杂处,局势复杂,为秘密活动提供了较多机会,但白色恐怖依然威胁着党的生存。1927 年 11 月,时任中央军委书记的周恩来继武汉特务科之后,在上海主持建立了情报保卫工作的专业机构——中共中央军委特务工作科,简称"中央特科"。其故址在今上海市静安区武定路 930 弄 14 号的一座两层石库门小楼中。从此,上海成为中共共产党领导的隐蔽战线的中心。中央特科不仅直接同国民党和帝国主义的侦探机关展开了斗争,还派遣忠实可靠的同志打入敌人内部,长期埋伏,在隐蔽战线的斗争中创造了光辉的战绩,为党和人民立下了不可磨灭的功勋。即使在 1933 年初临时中央撤离上海后,中央特科还继续在上海开展工作。1935 年,由于敌人持续不断的袭击和搜捕,中央特科损失严重,其成员不得不分批撤离上海,只留下一小部分具有较好的掩饰身份的特科人员继续潜伏在上海,坚持在隐蔽战线进行着情报工作和秘密斗争。

《二千五百两黄金》讲述了这样的故事:在日本侵略者宣布投降前一夜,日本商人山本试图将二千五百两黄金送给国民党军统特务头子戴笠当作见面礼,希望可以投靠他。因为当时上海局势混乱,山本将黄金转移到公司顾问浦先生家里隐藏。浦先生的侄子是共产党地下党员,他立即将这起严重的转移敌产之事报告了党组织。组织决定要在国民党开进上海之前夺回黄金。经过周密布置,地下党策划了一起特殊的"抢劫"事件,地下党员们化装成劫匪,在半小时内就使二千五百两黄金回到了人民手中。从内容看,这是一篇经过了多次创作的比较成熟的隐蔽战线斗争故事,可能在口头流传中经历了民间艺人或者故事家的加工,因此叙事节奏紧张,情节跌宕起伏,语言细致生动,如同谍战小说的章节。

(二)对党领导的工人运动的历史记忆

上海是党领导的早期革命运动的发生地。开埠以后,上海迅速成为中国第一大都市和工商业中心,集聚了中国最多的工人,具有开展工人运动的良好条件。1921 年七八月间,早期工人运动领袖李启汉同志就在黄浦江东岸成功领导了英美烟厂工人大罢工,这是党领导的最早的工人罢工斗争。最著名的上海工人运动要数北伐战争期间的三次武装起义了。前两次工人武装起义因准备不足、力量薄弱、计划被泄露等原因失败了。1927 年 3 月,北伐军对上海市区形成包围圈,工人和民众革命情绪高涨。在此种情况下,中共上海区委决定发动第三次上海工人武装起义,由时任中央军委书记的周恩来同志担任总指挥。由于进行了周密的准备,建立了严密的组织,对工人进行了秘密训练,争取和团结了广大市民群众等原因,第三次上海工人武装起义取得了胜利,并成立了上海市民政府。

对于被迫进入现代化进程的中国社会来说,不仅工人是新生阶级,工人运动更是新生事物。因此,党领导的工人运动不仅在上海的工人群体中产生过很大影响,对其他上海民众也是一种巨大震动。在此过程中,中国共产党影响逐渐扩大,其革命理念逐渐为人所知。而民众目睹的工人运动的经过也以传说、故事等方式在民众中口耳相传,成为保留早期红色革命记忆的重要载体。《智取天通庵》《神机妙算》等都是与第三次上海工人武装起义有关的红色传说。

(三)对党领导的农民运动的历史记忆

上海也是中国农民革命较早发生之地。早在 1920 年代中期,上海郊县就有共产党员与党领导的革命活动,比如 1925 年金山人李一谔、奉贤洪庙人李主一、奉贤四团人金学成加入中国共产党,分别成为金山地区、奉贤地区最早的共产党员。1926 年,李一谔在金山组织农民协会,发动张堰镇群众迎接北伐军。在国共第一次合作期间,李主一在奉城镇组织农民协会公开活动,在西乡发起声势浩大的"斗地主""吃大户"运动,在东乡组织盐民暴动,有力地支援了上海工人第三次武装起义。工人武装起义在上海红色历史上是浓墨重彩的一笔,但对同时期的农民革命斗争却缺乏足够记录,红色传说弥补了历史记录的空白,记录了当时农民的革命斗争过程及其结果。

上海农民革命第一次高潮的到来,与八七会议的召开有着密切关系。第一次国内革命失败以后,中共中央政治局于 1927 年 8 月 7 日在汉口召开紧急会议,批判了陈独秀的右倾机会主义错误,确定了土地革命与武装斗争的总方针。就是在八七会议上,毛泽东同志提出了著名的"枪杆子里出政权"的论断。八七会议后,毛泽东以中共中央特派员的身份前往长沙,领导湘赣边界的秋收起义。同时,中共江苏省委派遣陈云同志到今上海地区的青浦、松江、金山、嘉定等地贯彻八七会议精神,部署秋收武装暴动。

当时,在青浦、松江、金山等上海郊县的农(盐)民协会(简称"农会")在"四•一二"反革命政变中遭到了破坏,作为中共江苏省委巡视员的陈云,首先在各县发动群众重建农(盐)民协会,开展抗租抗债活动,并成立武装组织。在陈云等同志的领导下,青浦、松江两县边界成立了松江区农民革命军。

1928年初,这支革命武装力量先后在青浦小蒸地区、金山枫泾地区发动了小蒸暴动、枫泾暴动和新街暴动。由于反动军警的残酷镇压,这些农民武装起义都遭受了严重挫折。但上海农民革命的热情并未消歇,1929年1月21日,中共淞浦特委和中共奉贤县委组织和发动奉贤县庄行镇周围的农民举行庄行武装起义,曾一度占领了庄行;1930年年初,枫南农民举行武装暴动。历史对于这些农民暴动的细节是缺乏记录的,事实上,农民暴动在上海郊县农民甚至是城市中的市民中都引起了很大反响。

比如金山地区流传不少关于枫泾暴动的传说。当时在淞浦特委书记陈云同志的领导下,枫泾地区成立了中共枫泾独立支部,由陆龙飞、袁世钊同志领导。《运枪》的背景是枫泾暴动前的抗租斗争,而抗租斗争同时也是武装暴动的序幕,其关键就是将农民武装起来。第一批武装枫泾农民的枪支是陈云同志代表的党组织负责解决的,需要枫泾支部去接应。枫泾支队在枫泾自卫团封锁航道的情况下,将枪支装在一只粪船中躲过了自卫团的搜索,成功地将其送入了枫泾。《枫泾暴动》为《运枪》的续篇,故事分为两个部分,分别讲述了陆龙飞率领农民搜缴范浜新镇、石泾弄等枫泾地区自卫团枪支之事,以及枫泾暴动的经过,其中详细叙述了农民武装在屈家浜惩处恶霸金海琴夫妻的故事。金海琴及其大小老婆的丑态描摹得尤其生动,与农民翻身的心悦言行形成了鲜明对比。《运枪》与《枫泾暴动》两则故事叙述情节稍显混乱,主题不鲜明,很可能是在采录的过程中同时记录了多则相关故事而导致的。这也说明,民间流传的枫泾暴动传说故事比较丰富。

(四) 对抗日游击队斗争的历史记忆

在上海红色史事传说中有不少反映了游击队的抗日斗争。这些传说的产生地与流传中心集中在青浦、嘉定、金山、奉贤、宝山等上海郊区,这些地域其实就是抗日游击队战斗的主要战场。

1937年11月淞沪会战中国军队失败后,当时的上海除租界外都成为日军占领区。1942年12月珍珠港事变后,日军侵入租界,完全占领上海。而现在属于上海郊区的青浦、嘉定、宝山、金山、奉贤、崇明,以及浦东的川沙、南汇等地实际上都曾属江苏省辖县,它们不仅在地理空间上毗邻上海,而且其社会、文化、经济与上海也有着千丝万缕的联系。因此1958年调整行政区划时,这些地区被划入上海。日军侵占上海以后,对周边郊县的控制力并不如对上海那样强,敌后抗日游击队在这里找到了生存和发展的空间。

从1937年底到1938年,上海各郊县共产党员和进步人士纷纷组织起民众抗日武装,抗日之火在上海周围郊县遍地燃烧。比如在第二次国内革命战争中与组织失去联系的共产党员吴建功在家乡南汇泥城地区以"抗战救国,保卫家乡"为号召,组建起20多人的泥城保卫团。同时期,青浦共产党员倪正德说服土匪武装起义抗日,成立了"江南义勇军"。1938年初,上海县七宝地区的十几个村庄都成立了自卫队,这些自卫队又组成了常备中队,推举杨国才为中队长。崇明县知识分子瞿犊等人将流亡在启东的崇明青年和少数当地青年组成一支行日武装。

各郊县游击队在中国共产党的领导下蓬勃发展,游击斗争取得了诸多胜利,在民间留下了很多相关传说,其中关于嘉定外冈游击队和青浦地区游击队的传说数量尤其多。抗战爆发后,青浦县境内就出现了一些民众抗日武装,如前述由土匪武装宣部起义抗日而成立的"江南义勇军"。1838年春,在爱国青年顾复生等人的领导下,戈思浜村人民抗日自卫队、蔡家巷人民抗日自卫队等抗日武装先后成立,开创了青东抗日游击区。1938年底以后,中共江苏省委先后派遣顾德欢、王永成、蔡群帆三人至青浦开展抗日武装斗争,与顾复生部队汇合,成立了中共青浦工作委员会(一说为青东工作委员会)。1939年春,青东抗日游击队接受国民党军队"淞沪游击纵队第三支队"番号,顾复生任支队长。这支部队后来又改称淞沪游击纵队,也称昆青支队。《青龙塔上的袈裟》与《半夜脚步声》讲述的就是青浦游击队员们的抗日斗争传说。

这两则传说都不是传统意义上的斗争传说,更像是战斗之外的轶事。《青龙塔上的袈裟》讲述了游击队参谋队长老康发动碧云房的当家和尚和两位进步青年,将袈裟制成的红旗高高飘扬在青龙塔顶,借此传播党的革命理念,扩大游击队影响的故事。《半夜脚步声》记录了一场机智的"军事表演":驻扎在青浦重固的日军常常袭扰民众,百姓叫苦不迭。地下党员陆德良带领四五十个小伙子穿上下雨天穿着的钉靴,趁着夜色在重固镇上走动,制造了游击队大部队到达重固镇的假象。日军害怕受到游击队的袭击,不得不收敛了暴虐的行为。

总的来说,上海红色传说是上海民众的红色记忆,反映了民间的红色文化认同,它既反映了当时党的领导是深入民心的,又能成为当代红色文化建设和红色文化认同建构的重要材料,值得深入发掘和研究。

推动长三角文化产业
高质量一体化发展

——焕发新经济的活力

花　建*

一、长三角一体化：从区域协作到国家战略

习近平总书记在 2018 年 11 月首届中国国际进口博览会开幕式的主旨演讲中，宣布把长三角区域一体化发展上升为国家战略。这一重要战略突出了长三角在中国现代化两个百年转换期的重大引领作用，把握了世界级大城市群在综合国力竞争中不断升级的大趋势，体现了几代中国领导人对发挥长三角在中国现代化大格局中战略作用的深谋远虑。而推动长三角文化产业高质量一体化发展，正是实施这一国家战略的重要内容。这里所谓的"高质量"是推动长三角激发新动能，促进新消费，真正成为全国文化产业发展的活跃增长极和升级样板区，担当起配置全球文化资源的国际枢纽作用；"一体化"是不断深化长三角四省市文化产业在政策、市场、制度、对外开放等层面的高度融合，加快资源的优化配置和先进文化生产力的开发。

推动长三角高质量一体化发展，具有地理、历史和现实的充分基础和有利条件。从地理的角度看，狭义的长江三角洲指长江在入海口因为泥沙冲击沉积而形成的三角洲平原，包括上海和毗邻江浙的苏锡常和杭嘉湖等地区。它们在历史上就是内部产业分工和经贸合作特别紧密的一个区域。长江三角洲土地肥沃、水网密布、航运发达、工商繁荣，与国际市场联系紧密，是唐宋

＊　花建，上海社会科学院文学研究所研究员、上海社会科学院文化产业研究中心主任。

以后中国经济最发达、最富饶的地区,也是中华文化在历史上继先秦文化、唐宋文化以后的第三座高峰——江南文化的发祥之地。从城市群的角度看,长三角城市群指分布在沪苏浙皖四省市,以上海为核心、联系紧密的 26 个大中城市及几十个小城市,以及星罗棋布、高度密集的大量城镇,形成发育成熟的城市群结构。长三角是国际上公认的全球六大城市群之一,也是改革开放以来国家通过多个规划而积极推动的一体化发展先导区域。从国家战略角度看,长三角区域包括沪苏浙皖四省市,是中国经济发展最活跃、开放程度最高、创新能力最强劲的区域之一,对沿海经济带和长江经济带具有强大的辐射作用。

在改革开放的新时期,长三角作为中国沿海经济带和长江经济带的交汇处,作为中国首倡的"一带一路"大格局的动力区和关键节点,在国家改革开放的大格局中显示出越来越重要的作用。早在 1990 年春天,邓小平在上海就高瞻远瞩地指出:"上海是我们的王牌,把上海搞起来是一条捷径"。作为中国改革开放的总设计师,邓小平审时度势,指出要以上海为核心,带动长三角和整个长江流域,乃至全国的改革开放:"开发浦东,这个影响就大了,不只是浦东的问题,是关系上海发展的问题,是利用上海这个基地发展长江三角洲和长江流域的问题。[1]"这一具有全局性和战略性的谋划,至今都有深远的指导意义。

跨入新时代,在中国全面迈向小康社会和全面建设社会主义现代化国家的历史大背景下,国家对长三角的高质量一体化发展做出了更高层次的部署,明确了长三角的战略定位是"一极三区一高地",即全国发展的活跃增长极、高质量发展样板区、率先基本实现现代化的先行区、区域一体化发展示范区、新时代改革开放新高地[2]。

国家战略所指的长三角一体化发展区域,包括沪苏浙皖四省市,承载着以超大型、特大型和几十个大中小城市组成的巨型城市群。它的陆域面积为

---

[1] 邓小平:《视察上海时的谈话》,《邓小平文选》第三卷,人民出版社,1993 年第 386 页。
[2] 中共中央、国务院印发《长江三角洲区域一体化发展规划纲要》,中新网,2019 年 12 月 2 日。

35.08 万平方公里,包括舟山群岛、崇明岛等岛屿在内,仅占我国总面积的 3.7%左右,却在全国经济中具有举足轻重的地位。长三角的全员劳动生产率位居全国前列。截至 2019 年,长三角常住人口 2.2 亿,占我国总人口的 16%左右。2019 年我国国民生产总值为 99.08 万亿元,而长三角地区生产总值就达到 23.725 2 万亿元,占全国总量的 23.9%,同比增长 6.4%,高于全国增速 0.3 个百分点①。在中国积极倡导"一带一路",打造人类命运共同体的背景下,2019 年,长三角一市三省外贸进出口总额达 11.3 万亿元,占全国比重达到 35.8%;出口总额 6.7 万亿元,占全国比重达到 38.8%;进口总额 4.6 万亿元,占全国比重达到 32.3%②。长三角地区的外贸进出口、出口、进口总额占全国比重均超过 30%,特别是对外出口额占比近四成,长三角外贸对经济总量的贡献比例高。这为长三角文化产业向高质量一体化发展提供了重要的基础和独特的优势。

二、文化产业升级:从规模优势到创新驱动

在长三角形成强大经济实力和对外贸易贡献力的基础上,长三角各省市大力推动文化产业建设,显示了对全球范围内产业和城市双转型大趋势的深刻把握。从 20 世纪末叶开始,世界级大城市群的发展战略在不断升级,即不仅关注经济规模和增长速度,而且在不断反思中突破前此的片面性,上升到更自觉和更高级的阶段,其重点是把创新驱动、经济规模、文化创意、智慧城市等多个目标进行有机的融合。近年来,纽约、伦敦、巴黎、东京、芝加哥等大城市及城市群颁布的面向 2035 年、2040 年的发展规划,正是这一趋势的体现。如《纽约:强大而公平的城市规划》强调了面向未来的四大愿景:增长与繁荣、公正与公平、可持续增长、富于韧性,提出要把纽约建设成为保持文化多样性和广泛吸引力、强大而公平的世界城市。

---

① 《央行报告:2019 年长三角 GDP23.7 万亿元占全国逾两成》,中国新闻网,2020 年 6 月 6 日。
② 《长三角大比拼:4 省市外贸总额 11.3 万亿,占全国 36%!》,腾讯新闻,2020 年 11 月 30 日,https://xw.qq.com/cmsid/20201114A0FDJN00。

　　长三角的高质量一体化发展正是体现了对大城市群升级规律的自觉把握,主动地迈向一个跨越工业化和信息化时代的"跨时代世界级大城市群"。从历史的角度看,大城市群的发展目标是随着时代的进步而不断升级的。工业化时代的世界级大城市群侧重追求城市的经济和人口规模,注重对物质财富的生产和占有,而后工业化时代(信息化时代)的世界大城市群侧重追求高质量的数字资产和流量经济,更强调城市群的创新活力和国际资源配置能力。以上海为核心的长三角是中国近现代工业的发祥之地,拥有中国近现代以来规模最大的金融中心和航运中心,又是在工业化基础上率先推动产业转型的中国龙头城市群。长三角自觉地跨越工业化时代和信息化时代,在拥有世界第六大城市群的经济规模和物质财富之基础上,更加突出流量经济的特征,即在信息处理、信息流量、市场定价、平台建设、配置全球资源方面具有一流的能力,造就一个兼备物质财富、实物投资和数字资产,创新能力和文化辐射力,深刻影响全球市场的世界级经济—文化型大城市群。而长三角推动文化产业的高质量一体化发展,全面提升长三角的文化软实力,正是这一大城市群升级战略的重要内容。

　　自从中国文化产业在 1990 年代中期全面起步以来,长三角四省市高度重视文化产业发展,从省市层面制订了发展文化产业的战略和规划,逐步成为中国文化产业的强大增长极,在全国文化产业规模中占有三分之一左右的比重。在全国按主要区域划分的环渤海、东北、西北、西南、中部、东南、长三角七个区域中,长三角四省市文化产业增加值占 GDP 的平均比重达到 5.67%,成为全国七个地区中文化产业增加值占 GDP 比重最高的地区,也是全国七个地区中第一个实现地区文化产业增加值占 GDP 比重超过 5%,成为国民经济支柱产业的地区[①],发挥了良好的领先示范作用。

　　从 2010 年以来,在国内外经济形势深刻变化,国际贸易走势低迷的情况下,长三角文化产业增加值稳步增长,它占全国总量的比重始终保持在 30%

---

　　①　参看李炎、胡洪斌主编:《中国区域文化产业发展报告》,社会科学文献出版社 2018 年 10 月版,第 3 页。

以上。2018 年长三角的文化产业增加值达到 12 365.92 亿元,占全国文化产业增加值总量 41 171 亿元的 31.9%。全国文化产业增加值占 GDP 的平均比重为 4.48%,而长三角文化产业增加值占比达到 5.84%,高出全国平均水平 1.38%,这是全国七大地区中文化产业增加值占全国总量比重最高的地区,而且近年来始终占据全国七大地区的榜首。这与长三角文化产业贯彻高质量一体化发展的方针,建设高度统一的文化产业要素市场和消费市场,加快各类资源的互联互通和优化配置密切相关。

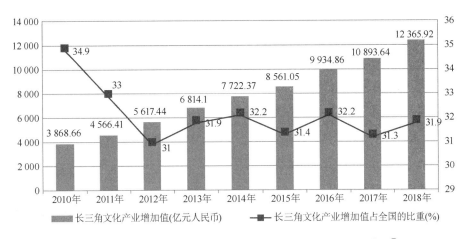

图 1　长三角文化产业增加值及占全国的比重(2010—2018 年)①

　　长三角文化产业高质量一体化发展的特色在于:突破行政区划的局限性,充分发挥市场在配置资源中的重要作用,加快各类资源在长三角区域内的快速流通,推动体制创新和政策创新成果在整个长三角领域的共享。这有助于长三角文化产业尽快形成一批集聚高地和增长极,并且在这个基础上发挥溢出和扩散效应,带动整个长三角地区的文化软实力增长。在沪苏浙皖各级政府的大力推动下,长三角建立了一批文化产业细分领域的合作联盟和协作网络,其中包括:长三角文化产业投资联盟、长三角红色文化旅游区域联盟、长三角动漫产业合作联盟、长三角文创特展产业联盟、长三角文旅产业联

---

　　①　作者根据各省市颁布的文化产业数据等整理和绘制。

盟、长三角影视制作基地联盟、长三角文化金融合作服务平台等。它们连同有序运行多年的中国上海国际艺术节演出交易会、中国(义乌)文化产品交易博览会、中国国际动漫游戏博览会、ChinaJoy 等大型会展交易平台,形成了一个规模庞大的长三角文化产业平台服务体系,形成了文化产业细分领域的专业渗透力和影响力,创造出巨大的流量经济和交易成果。

长三角文化产业高质量一体化发展的亮点在于沪苏浙皖"四手联弹",齐心协力办大事,推动全域化的优势互补和成果共享,并且以"一张蓝图干到底"的精神,推动文化产业重大协作项目的可持续发展,并且以此来带动长三角全域文化产业的整体发展。比如:2018 年,沪苏浙皖党委宣传部联合主办长三角国际文化产业博览会获得成功,成为有史以来第一个依托世界级大城市群所建立的国际文化产业博览会,参展的国内外企业达到 500多家。2019 年 5 月中共中央政治局审议通过的《长江三角洲区域一体化发展规划纲要》,明确提出要办好长三角国际文化产业博览会,表现了党和国家对它的高度重视和肯定。在 2020 年面临新冠疫情冲击的特殊背景下,长三角国际文化产业博览会表现出顽强的韧性和巨大的凝聚力,获得了国际最高水平的 UFI 展览资质认证。当年第三届长三角文博会的参展单位数量不降反升,共有 1 011 家参展商,来自 36 个国家和地区,展览面积达到 5.4万平方米。参展商数量比上届增长了 13%。它举行了《长三角文化产业蓝皮书 2020》等一批重要成果的"首发""首秀",进行了 66 场特色发布及多项电竞活动和赛事等,在各个方面都突出精益求精,好中更优,被许多嘉宾和企业称赞为"代表国际水准的一流文博会""体现世界级大城市群实力的高品质展会"。

三、培育新兴集群:从规模优势到创新活力

长三角推动高质量一体化发展的基本动力来自创新型的企业。联合国教科文组织认为:"文化产业就是按照工业标准,生产、再生产、储存以及分配文化产品和服务的一系列活动。"文化产业"连接了无形的文化内容创作、制

造与商品化过程。这些内容通常受著作权法保护并可以采用产品或者服务的方式"①。

文化产业作为一种现代产业,其规模优势和可持续发展的能力,主要来自一批创新型、集约型、规模化的产业集群。它们大多以一个主导产业为核心,吸引大量彼此联系密切的大中小企业和机构在空间上集聚,从而形成可持续的竞争优势。各种文化产业集聚区是它们的物质载体,规范化的文化产业园区是它们的管理形态,而文化产业的集群则是它们发展的高级形态。长三角要形成强大的文化产业集群,必须建设一个良好的创新生态,它不仅包括着主要的企业群体和机构,而且还包括鼓励创新的制度政策、研发资源、金融支持、营商环境等。

近年来,长三角四省市从制度、政策、投资、资源配置等各个方面,鼓励培育强大的文化产业集群。沪苏浙皖的一批重点文化产业企业把创新作为内生的增长动力,激发创新的企业家精神、创意领导力和创新组织化管理,在三个战略维度上不断推进:第一,价值创新和成本创新,即通过技术创新和内容研发而率先开发新领域,形成新的价值链。如喜马拉雅率先开发"耳朵经济",手机用户规模突破 2 亿,成为国内规模最大的在线移动音频分享平台。第二,市场创新和容量创新,即敏锐把握整个大市场环境的变化,促进产业链上下游环节的联动,开拓大容量的蓝海市场,如哔哩哔哩成为全国年轻一代集聚规模最大的网上社交平台和社区,月均活跃用户达到 2 亿人次以上,形成了内容制作、赛事运营等网络文化生态。第三,学习创新和边界创新,从产品消费到服务消费再到体验消费,不断突破已有的产业边界,通过延伸服务链而激发消费市场的潜力,如小红书开创了时尚文化与消费决策新型平台,月活跃用户数超过 1 亿;宋城演艺打造六大强项——演艺宋城、旅游宋城、国际宋城、科技宋城、IP 宋城、网红宋城,成为全世界线上 + 线下的规模最大的演艺娱乐企业。

---

① UNDP & UNCTAD: Creative Economy Report 2010 P. 5.

正因如此,长三角成为全国范围内拥有文化产业重点企业数量最多的地区之一。比如:在连续 12 届评选出的全国文化企业 30 强共 360 家(次)中,长三角占总数的 35% 以上,包括世纪出版、上影集团、东方明珠、华数数字传媒、凤凰出版、宋城演艺、华策影视、安徽出版、安徽新华发行等一批领军企业,成为各个细分领域中具有规模优势和创新优势的排头兵。长三角拥有的全国文化企业 30 强数量在全国各地区中遥遥领先。长三角在 2018 年全国文化传媒类主板上市公司中占有 33.8%。它们并非是各立山头,而是在各个细分领域发挥了"一马当先,万马奔腾"的领军作用,并且相互拉动、优势互补,形成了创新研发的引领作用,成为文化产业集群的核心力量。

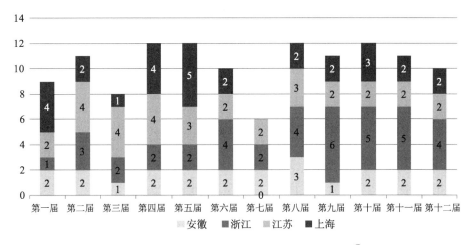

图 2　长三角四省市拥有的全国文化企业 30 强①

四、发展数字文创,激发新经济的活力

在长三角贯彻高质量一体化发展的国家战略之大背景下,长三角高度重视发展数字经济,培育新型文化生产力,成为全国发展数字经济速度最快、规

---

①　本文作者根据新华网颁布的连续十二届"全国文化企业 30 强"名录整理和绘制,http://www.xinhuanet.com/2019-05/18/c_1124512454.htm,2019 年 5 月 18 日。

模最大的地区。《长江三角洲区域一体化发展规划纲要》中明确提出要打造"数字长三角"。长三角四省市围绕打造数字经济创新高地,前瞻布局、有效实施,共同抢占这条全球未来产业发展"新赛道"。2018 年中国数字经济规模达到 31.3 万亿元,占 GDP 比重超过了 30%,规模为全球第二位。而长三角数字经济规模总量达到 8.63 亿元,占 GDP 比重达到 40.9%。长三角数字经济占全国的比重达到 27.6%,占比超过全国平均水平 10.9%。[①]

长三角发挥数字经济对于文化产业的促进作用,在经纬度的两个方面有效地展开:纵向创新是以技术为主导,横向创新是以客户需求为主导,必须始于横向,结合纵向,才能迈向颠覆性的创新。比如人工智能正在快速提升,呈现跨界融合、深度学习、智能识别、人机协同、群智开放、自主操控等新特征,有可能成为促进文化新消费的新蓝海。长三角数字文化产业的集聚,结合了长三角城市群分工协作和层级结构的特色。从全球范围看,一个大城市群的文化空间布局,不但受到自然地理和历史积淀的制约,而且受到城市发展定位和产业结构的深刻影响。处在工业经济早期阶段的城市,大多采用"单中心"结构;当城市向依赖自然资源为导向的方向发展的时候,往往形成"双核心"结构。它所依赖的矿产、交通枢纽、港口等与商业居住中心相对分离;当城市进入工业化发展阶段的时候,城市呈现"扇形化"的空间特征。当国际化的大城市跨入数字经济和后工业化时代,会形成"多组团 + 平台 + 网络"的空间布局。它把发展先进制造业和现代服务业作为城市的主要经济支柱,把创新作为强劲的发展动力,依托数字技术和数字经济,形成对区域乃至海内外资源的配置能力和市场辐射力。

长三角数字文化产业的集聚发展,正是在世界级城市群向数字化转型升级的背景上推进的,其本质是一场信息技术引发系统性革命。它的根本任务是价值链重构,主要路径是新能力建设,核心要素是开发数字数据。一言以蔽之,就是推动过去以物质经济为代表的规模经济发展模式,转向以数字经

---

① 马双:《中国长三角数字经济发展报告(2020 年)》,载王振、惠志斌主编:《全球数字经济竞争力发展报告(2020)》,社会科学文献出版社,2020 年,第 182 页。

济为代表的范围经济和流量经济发展模式。有鉴于此,长三角数字文化产业呈现"集群、走廊、网络"相结合的生动格局。从"集群"建设的意义上看,长三角一市三省发展起一大批数字经济产业园区和集聚区,成为推动数字文化产业的重要载体和引擎。它们的数量超过150家。平均每家集聚100家以上的企业、机构和专业平台。如上海的张江、金桥开发区、紫竹高新区、漕河泾开发区等,集聚了阅文、亮风台、游族、米哈游、视+等一大批数字文创的重点企业;江苏的中国声谷-江苏信息服务产业基地、江苏省互联网产业园、常州创意产业基地等成为培育数字文化企业的知名基地;浙江的杭州高新区中国互联网经济产业园、浙大网新产业园、梦想小镇、云栖小镇、梦栖小镇、云谷小镇等集聚了创意设计、互联网金融、数字游戏等一大批企业;而中国声谷(合肥)等则成为开发智能语音技术服务的重要基地。依托这些基地,长三角形成了以上海为核心,联通沪苏浙皖九个地区的G60科创走廊,联通上海-南京的G42科技走廊、以上海青浦向西辐射的G50长三角数字干线等一批数字经济和数字文创的"走廊",并且在更大的范围内形成联动长三角、辐射海内外的数字文创网络。

长三角蓬勃发展的数字文化产业包括数字游戏、数字出版、电子竞技、数字教育、直播电商等新业态,正在形成专业化集聚又相互联系的组团,呈现网络状、节点式分布。它们的特色是把线下和线下的成熟业态进行双向转移,推动在场、在地、在线相结合的各种新业态,开展线上线下相结合的交易、直播、赛事、培训等,形成一系列创新型的应用场景。比如上海大力推动国际电竞之都建设,率先颁布"电竞 20 条"政策,集中了全国 80% 以上的电竞企业、俱乐部、战队和直播平台,而浙江的直播电商风起云涌,以中国(杭州)直播电商产业基地为例,规划在未来三年内扶持 10 家具有示范带动作用的直播机构、培育 50 家有影响力的网红经纪公司、孵化 500 个网红品牌、培训 5 000 名带货达人、实现 1 000 亿成交总额。

在数字文化产业所焕发的新动能和新业态带动下,长三角文化产业的经营效益明显优于全国其他地区。2018 年长三角规模以上的文化企业数量占全国的 28.3%,而它们的资产规模占全国的比重达到 32%,它们的营业收入

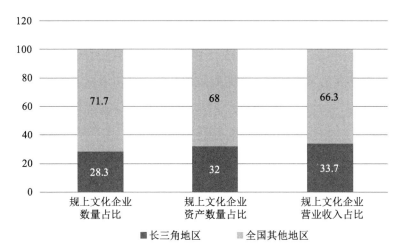

图3 长三角规模以上文化企业实力占全国的比重(2018 年)①

占全国的比重达到 33.7%。长三角文化产业中互联网特征较为明显的文化新业态增长迅速,2018 年它们的营业收入占全部文化产业营业收入的 20.12%,其中数字游戏占 77.5%,混合业态包括数字出版、数字音频、数字视听、数字文博等占总数的 20.12%,展示了长三角文化产业高质量一体化发展的良好前景。②

---

① 作者根据《中国文化及相关产业统计年鉴(2019)》等资料整理和绘制。
② 参看《中国文化和旅游统计年鉴(2019)》,并且参看任文龙、陆建栖、陈亚兰:《长三角文化与科技融合》,载顾江编著:《长三角文化产业蓝皮书(2020)》,江苏人民出版社,2020 年,第 154 页。

文化赋能长三角一体化发展

2020年8月20日,习近平在安徽合肥主持召开扎实推进长三角一体化发展座谈会并发表重要讲话,面对百年变局下的复杂形势,要更好地推动长三角一体化发展,必须深刻认识长三角区域在国家经济社会发展中的地位和作用。

学习习近平总书记讲话精神,长三角一体化发展未来应把握如下三个战略重点:

第一,率先形成新发展格局。长三角区域要发挥人才富集、科技水平高、制造业发达、产业链供应链相对完备和市场潜力大等诸多优势,积极探索形成新发展格局的路径。面对"双循环"格局,很多文化需求不是刚需,但它们加起来是巨大内需,所以对推动"双循环"有重要作用。

第二,创新能力提升和高质量发展先锋。两者更加凸显了加快增强我国科技创新能力的紧迫性。长三角区域不仅要提供优质产品,更要增加高水平科技供给,支撑全国高质量发展。文化创意激活国民创新能力,创新文化培育,支持科技等各领域创新。

第三,加快打造改革开放新高地。越是遭遇全球化倒流逆风,越要高举构建人类命运共同体旗帜,坚定不移维护和引领经济全球化,共同价值观是建构命运共同体重要保障。如果没有价值共同体,只有利益的共同体,是不长久的。这是中国古老的智慧,"君子以道义交,小人以利益交"。

那么,在中华民族伟大复兴的过程中,文化建设将起什么作用呢?我觉得是大家需要思考的。具体集中到我们今天所说的长三角一体化发展,可以

---

* 李杰(思屈),浙江大学传媒与国际文化学院教授、博士生导师,浙江大学中国海洋文化传播研究中心主任。

从两个方面破这个题,一个是"赋什么能",一个是"如何赋能"。本文主要从"如何赋能"着手,可以从这么几个方面来理解:第一是观念更新,第二是培育创新,第三是文创振兴,第四是品牌助力,第五是文旅带动。

一、观念更新

观念更新的核心在于深刻认识长三角区域一体化发展的战略作用,在新旧文明交替背景下强调大文化概念。从一体化的方面来讲,它关心的问题是一体化发展的文化助力,也就是文化如何助力协同发展和先行探路。而从高质量的方面来说,高质量发展要以创新为重,它关心的问题是文化如何促进思想解放、观念更新、塑造新人、激发活力。

创新发展包含三个方面。一是思想理论创新的先导作用,思想理论创新是发展变革和转型的先导,是其他各类创新活动方向、思路与方法的来源,这是文化对创新的直接支撑。第二是制度创新,它提供保证支撑,让各类创新活动得以开展。第三是科技创新,这是创新发展的核心元素。科技创新不仅是创新的核心内容,而且能为其他各类创新提供启迪、引领和支撑,它构成了国家竞争、区域竞争等各类竞争的核心元素。

后疫情时代的新旧文明更替加快了产业变革。新冠疫情加速了"百年未有之大变局"的演进,世界政经形势发生剧烈变动,动荡源和风险点陡然增多;全球产业链、价值链和供应链受到巨大冲击,世界经济下行压力不断增大;全球治理结构中现存的矛盾和问题进一步凸显,国际秩序遭到巨大冲击。通过此次疫情让我们更加清楚地看到,当今世界,正值新旧文明交替之际,亟待建立一套新的全球治理体系。中华文明在应对这次疫情的过程中,展现了其强大的体制优势。

在这里,我们可以回顾一下黑死病的文化影响。1347—1353 年,席卷欧洲的"黑死病"鼠疫大瘟疫,夺走了 2 500 万人的性命,占当时欧洲总人口的1/3。威尼斯人采取了当时最为聪明的一项隔离措施:不准有疫情船只的船员登陆,船员须在船上隔离 40 天。然而,水手不准上岸,船上的老鼠却通行无阻地爬上了威尼斯的土地,造成惨烈后果。当时又掀起了一波又一波迫害犹太人的浪潮,理由是犹太人到处流动传播瘟病并四处投毒。在美因茨,1.2万犹太人被作为瘟疫的传播者活活烧死,在斯特拉斯堡城内,1.6万犹太人被杀。

黑死病对中世纪欧洲社会的经济、政治、文化、宗教、科技等方面造成了剧烈的冲击,对欧洲文明发展方向也产生了重大影响,西方学者称为"中世纪中期与晚期的分水岭",欧洲社会转型和发展的一个契机。非常艰难的社会转型因为黑死病而突然变得顺畅了。这一事件推进了科学技术的发展,也促使天主教会的专制地位被打破,为文艺复兴、宗教改革乃至启蒙运动作了重要准备。

在后疫情时代,我们需要引入大文化概念,深刻理解文化力。现在我们一般讲的文化,包括文化产业,都是"小文化",即具体的文化产品形态,如影视、歌曲、舞蹈、小说、书画等。为什么我们要强调"大文化"?大文化是体现于小文化而又超越于小文化的时代精神。小文化只有体现了大文化,才有真正的生命和文化影响力。2014年10月15日习近平总书记在文艺工作座谈会上的重要讲话中指出:"文运同国运相牵,文脉同国脉相连。没有中华文化繁荣兴盛,就没有中华民族伟大复兴。"这就是"大文化"的观念。历史上大文化的力量与新旧文明更替紧密关联,无论是欧洲文艺复兴还是中国新文化运动,无论是20世纪80年代的深圳精神,还是浦东精神与新海派文化的时代使命——推动中华优秀传统文化走出去,都是建立在大文化的观念上才有合理性。不要以为有几部电视剧出口了,中国文化就走出去了,更不能停留在舞个狮子、包个饺子、耍一套武术和功夫上。不能满足于小文化,满足于向国外提供一些表层的文化符号,关键是要通过小文化体现大文化,把优秀传统文化的精神标识提炼出来、展示出来,把优秀传统文化中具有当代价值、世界意义的文化精髓提炼出来、展示出来。

因此,提升中华文化影响力不能厚古薄今,要展现中华传统文化的精髓,更要注重展示当代中国的发展进步、当代中国人的精彩生活,推动反映当代中国发展进步的价值理念、文艺精品、文化成果走向海外,既要入乡随俗又要入情入理,努力进入主流市场、影响主流人群。

二、推动创新

现在说到创新,科技创新政策鼓励基本上就是对创新人才的鼓励。我们认为这是不够的,其中没有包含文化创新的部分。现在国人的理解,我觉得还有很多不到位的地方、片面的地方。文化创新基本上跟科技是分开的,我们跟先贤比起来,思想有所退步,什么叫思想有所退步?新文化运动为什么能够改变国运?因为它是大气磅礴的"大文化"。他请来了两位先生,一个是德先生,一个是赛先生。所以有了新文化运动之后,中国开启了现代化运动,跟我们传统的文化就有一个重大的差别。

尽管我们现在继承五千年传统文化也是重要的,但是现在我们讲文化的人往往对科技存在隔膜。在这种情况下,我觉得我们的文化和科技要相互赋能。实际上很多做企业咨询的人提出问题,科技为什么能够为企业赋能?为什么赋能的时候有那么多困难?这是因为他们思想观念没有转变。中国科技进步遇到的困难,好多时候是文化问题,比如说华为的 5G 技术是领先的,但是今天为止我们的 5G 技术推广普及度仍然不够。

2018 年华为公司的任正非先生在给国家领导人汇报时提出,华为现在的水平尚停留在工程数学、工程物理、算法等工程科学的创新层面,尚未真正进入基础理论研究。随着逐步逼近香农定理、摩尔定律的极限,面对大流量、低延时的理论还未创造出来,华为已感到前途茫茫,找不到方向。没有理论突破,没有技术突破,没有大量的技术累积,是不可能产生爆发性创新的。要用最优秀的人去培养更优秀的人。未来社会是一个智能社会,不是以一般劳动力为中心的社会,没有文化不能驾驭。若这个时期资本大规模雇佣"智能机器人",两极分化会更严重。有可能西方制造业重回低成本,产业将转移回西方,我们将面临空心化问题。

我认为,5G 技术恐怕要加上一双"文化的慧眼"。我们面临的问题,看起来是科技问题,实际上是文化问题。我们嘴上鼓励创新,实际上在文化机制和社会制度上对创新是有阻碍的,山寨文化等就是这种阻碍的体现。韩国在

2017 年商用普及 5G，欧洲好多个国家整体的 5G 技术用的都是华为的，为什么我们本土反而就推进得慢，这主要不是科技问题。社会需求是创新原动力，科技需要应用场景，互联网技术与商业文化存在相互建构。让这种创新文化落地生根，在杭州模式的文化惠民与技术为民所用中得到了生动体现。数字技术与文化思维是双向影响的，城市大脑与媒体的融合带来新的文化形态，例如杭州健康码应用成为对全国应对疫情的重要创新性贡献。

文化产业新业态推进需要"软创新"。英国国家科学与艺术基金会的研究报告《软创新——创新变革的全景图》提出，技术、材质、工具等属于"硬创新"，而针对人类情感、想象、象征意义的则属于"软创新"。即通过改变产品形态和象征意义而影响人的感官知觉、审美情趣之创新。结合"新人新感性"——马克思自然人化、史前史观点，我们应该看到，当一个国家和城市跨入中等收入阶段之后，消费的新动力是人们对体验消费、时尚消费、品牌消费、审美消费、教育消费等的需求，因此既需要"硬创新"，也需要"软创新"。文化创新内涵通过设计、形态、品牌、时尚、产品等形式体现出来，作为高级生产要素而流动到工业、商贸业、城市建设业等相关领域。文创已经成为了一种生产要素。

文化产业助推长三角文化创新共同体发展，包括四个部分：第一，协同优化文化科技创新生态。推进体制机制创新、促进科技创新资源要素持续聚集，通过软硬条件改善、物质精神激励并举促进科技人员埋头钻研、奋力攻关。

第二，创新文化氛围与创新精神。追赶型发展与山寨文化、"娱乐致死"都是要避免的负面因素，要鼓励创新的文化导向，宽容异端、包容失败的创新文化环境。为新型自贸区聚集国际资源和高端要素，引进和培养大批具有全球视野、通晓国际规则、掌握世界领先技术的高层次人才和创业创新团队，培育出更有创新力的区域文化和文化创新精神。

第三，协力展开重点攻坚。构建文化基础资源共享机制，促进江南文化资源和研究成果网上网下多渠道共享；构建文化创新平台共建机制，如各省社科联、发展研究中心、高校及其他各类智库等可联合共建研究平台；构建文化攻关合作机制，开展联合攻关；构建文化成果转化共推机制，对各省市的研究成果共同转化推广;构建文化创新成果联展机制,文化研究成果统筹联合展示;构建文化创新人才交流机制,推进文化研究人才的共同培养与交流使用。

第四,打造长三角文化创新共同体。长三角要在高质量发展方面走在前列,在关键核心技术攻坚方面也必须走在前面。要解决各自为战、合力不够的问题,形成企业、学校、科研机构跨区域协同创新机制,协同发力形成强有力的创新力。

三、文 创 振 兴

文创是长三角区域一体化高质量发展的助推器,文创产业是长三角地区的优势产业。

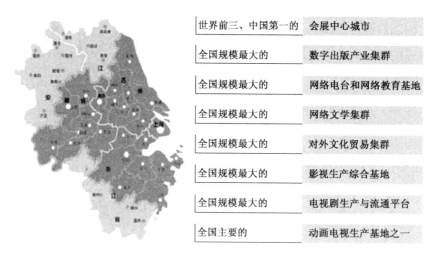

世界前三、中国第一的	会展中心城市
全国规模最大的	数字出版产业集群
全国规模最大的	网络电台和网络教育基地
全国规模最大的	网络文学集群
全国规模最大的	对外文化贸易集群
全国规模最大的	影视生产综合基地
全国规模最大的	电视剧生产与流通平台
全国主要的	动画电视生产基地之一

图1 长三角文化产业集聚度最高,拥有文化产业集群最多

文化产业是世界大城市群的重要引擎,世界级大城市群与主要文化创意产业集群之间存在深刻的必然联系,美国东北部沿海城市群的设计媒体和娱乐产业集群、伦敦中南部城市群的创意设计和数字内容产业集群、欧洲西北部城市群的会展和设计产业集群、日本太平洋沿岸城市群的动漫游戏、数字

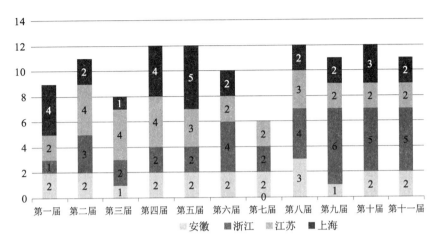

图 2　长三角三省一市拥有的全国文化企业 30 强数量

内容和媒体产业集群……无不如此。长三角区域文化产业高质量发展,成为全国文化产业高质量发展的增长极和升级样板区,成为国内国际文化贸易和循环枢纽。

文化产业一体化发展,要实现长三角四省市文化产业在政策、市场、对外开放等层面的高度融合,形成一个紧密联系的整体。世界级的大城市群,都是文化也领先的,文化产业本身是先进文化的。品牌带动,就是说我们要打造江南文化,同根同脉,形成一个品牌联动机制。海派文化是在中国江南传统文化的基础上,融合欧美的近现代工业文明而逐步形成的上海特有的文化现象。以海派文化为底蕴的长三角文化产业,必然成为中华文化繁荣的一个重要标志。

重视文创内容对数字经济的赋能作用,加强在创意设计、技术创新、品牌提升等方面的应用,协同推动文化大数据体系建设,以及内容生产和传播手段现代化,共同打造数字长三角。释放科技对文化建设的赋能作用,加快改进区域文化产业发展方式,为产业一体化和高质量文化供给提供强有力的支撑。

要发挥数字内容优势,推动各类要素的全域流动,培育和壮大各具特色的产业集群。做强影视、话剧，培养一批明星，增强文化影响。特别要打造"造星工场"，让一批品位高、教养好的明星成为长三角代言人。

还要协同创新、建立现代文化产业体系。发挥对外开放和文化交流优势，成为参与全球文化产业链的亚太门户。发挥文化市场和产品优势，强化文化创意产业对国内文化产业发展的引领。

最后打造双循环枢纽，加强以江南文化为基础的共有文化纽带，又培育各具特色的丰富文化形态，彼此高度认同、共享文化基因、各显发展优势，密切文脉近亲关联。

四、品 牌 带 动

品牌是中国制造走向价值链高端的标志，是一种质量基础上的文化力，品牌建构是文化符号创造。例如，杭州夏衍影视文化特色街区加强影视文化跨区域交流，使街区成为长三角影视文化的一个标志。后续还将加强与上海电影博物馆、中国电视博物馆的联系，通过联合举办馆藏文物交流展、主题影视展等活动，共同推进影视文化的普及和提高。以夏衍的文化活动为主体，连接中国当代文化思想发展的脉络。

1933 年后，夏衍任中共上海文委成员、电影组组长，成为中国进步电影的开拓者、领导者。他创作的电影剧本《狂流》《春蚕》，话剧《秋瑾传》《上海屋檐下》及报告文学《包身工》，对 20 世纪三十年代进步文艺产生了巨大影响。这为长三角文化整体化提供了重要文脉资源，如果善加利用，可以使夏衍影视文化特色街区在长三角一体发展的文化版图上获得独特的地位。抗战爆发后，夏衍在上海、广州、桂林、香港主办《救亡日报》《华商报》，后到重庆，在周恩来直接领导下，主持大后方的文化运动，曾任《新华日报》代总编，撰写大量杂文、政论文章，同时继续从事话剧、电影创作。因此，夏衍影视文化特色街区可利用的文脉资源十分丰富。

长三角与中国影视文脉密切关联，要善于共建"区域文化"标识，以"江南文化"重构长三角城市群国际化"区域文化"标识。要发挥品牌集群效应，利用现有产业优势,积极打造品牌集群,形成制造业品牌、数字经济品牌、服务品牌、电子商务品牌、电子金融品牌等相互支持的集群效应。要强化文化认同,在文化认同上构建更大的同心圆,强化文化联系。最终,增强共同文化记忆,形成共享文化资本。

建立长三角品牌联盟,共同组建江南文化品牌战略领导小组,形成长三角品牌联动机制。传播平台方面,打造品牌传播媒体联盟,集中宣传长三角优势特色品牌。通过品牌推介会、品牌文化论坛、研讨会等形式培育长三角品牌文化,扩大长三角品牌影响。整合长三角品牌文化研究力量,共建品牌实验室,打造国际品牌文化研究高地。统筹布局重大文化设施,将长三角重要文化设施统一纳入共有的平台进行宣传推广、一体使用。打造具有国际化交融特点的江南文化示范区。

五、文 旅 带 动

文旅是最容易把长三角一体化打通的一个机制。长三角三省一市旅游协会共同发布《苏州宣言》,提出设立长三角旅游事务协调共商发展机制、长三角地区旅游协会联席会议制度等,合作愿景不断清晰。但是长三角文旅一体化发展的协同实践尚须探索。

上海有以党的一大会址为中心的红色文化旅游,以建筑、街区、古迹、文物等资源为依托的都市文化旅游,以朱家角、枫泾、南翔等特色古镇和仓城、醉白池、古猗园、秋霞圃等古巷古桥古园为依托的海派江南文化旅游;江苏建立了苏州市吴江区的长三角生态绿色一体化发展示范区;浙江启动浙东唐诗之路、大运河诗路、钱塘江诗路、瓯江山水诗路"四条诗路"建设;安徽设立皖南国际文化旅游示范区、合肥都市圈休闲旅游区、大别山自然生态旅游区、皖北文化生态旅游区"四大板块",及红色旅游示范基地和康养基地。长三角三省一市文化和旅游部门签署《长三角文化和旅游高质量发展战略合作框架协议》,这构成了长三角文化旅游一体化发展基本态势。

完善机制建设,变愿景为现实,要整体构思、统一规划,做好顶层谋划,深挖江南文化内涵，形成长三角文旅发展规划纲要；诚信体系、统一监理，构建长三角地区旅游市场诚信体系和负面清单、奖惩机制；消除断点、畅通联系，打通"断头路"，建立区域联动的交通体系，畅通交通路网；普惠民生、利益共享，推出一卡通等。

两大赋能工程，首先要展开长三角文化资源普查，形成长三角数字文化资源库和数字化文化地图。其次，通过科技植入、创意驱动使其成为产业化的资源，可落成若干个重点文旅融合项目的文化创意小镇与文化产业园区。以重点文旅项目促进资源流通和协同创新。例如，红色文化方面，整合上海中共一大与浙江嘉兴红船等资源推进项目；生态文化方面，开发千岛湖、太湖、黄浦江生态探索与保护之旅；海丝文化方面，在义乌、宁波、舟山、江苏丝绸小镇等地形成联动发展；大运河文化旅游带方面，促进运河文化沿线城市旅游联动；杭黄旅游廊道方面，水路依托钱塘江，陆路依托杭黄高速，用文旅重点工程促进城市联动。

余　　论

长三角文化一体化高质量发展战略，需要在顶层设计与政策规划方面进一步突出文化的地位和作用。建立长三角创新联盟，实现文化和科技创新双轮驱动。以张江实验室、之江实验室、西湖大学、量子信息科学国家实验室、中国科大先进技术研究院、中国工程科技发展战略江苏研究院等一批长三角地区创新实体机构和平台的建设和提升为契机，探索建立文理工合作、产学研协同的科技创新联盟机制，鼓励产业带或联盟企业之间开展合作交流。强化文化领域科技应用力度，拓展拉长文化产业生产链条。

文化产业高质量发展的指数研究

魏鹏举 *

一、背景介绍

我首先对文化产业高质量发展的政策做一个简要的梳理：

2017 年党的十九大报告提出，中国的国民经济已由高速发展期转向高质量发展期。在 2018 年 8 月全国宣传思想工作会议上，习近平总书记提出：要推动文化产业高质量发展，健全现代文化产业体系和市场体系，推动各类文化市场主体发展壮大，增育新型文化业态和文化消费模式，以高质量文化供

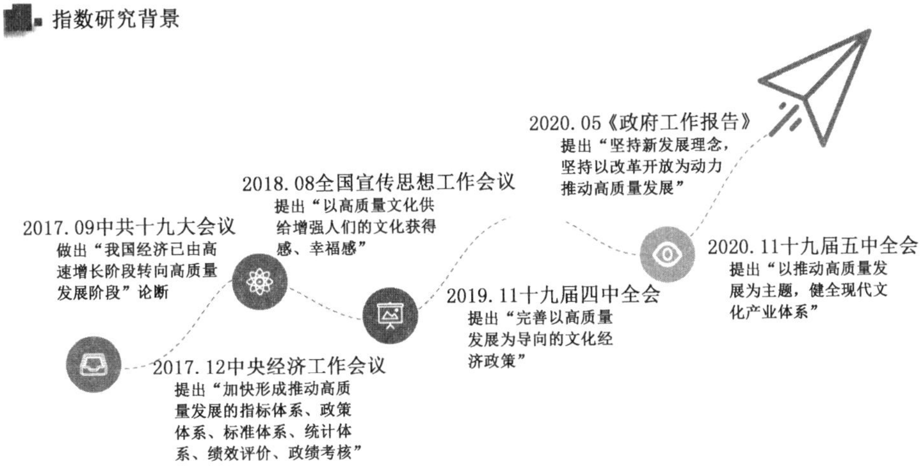

■ 指数研究背景

2017.09中共十九大会议
做出"我国经济已由高速增长阶段转向高质量发展阶段"论断

2017.12中央经济工作会议
提出"加快形成推动高质量发展的指标体系、政策体系、标准体系、统计体系、绩效评价、政绩考核"

2018.08全国宣传思想工作会议
提出"以高质量文化供给增强人们的文化获得感、幸福感"

2019.11十九届四中全会
提出"完善以高质量发展为导向的文化经济政策"

2020.05《政府工作报告》
提出"坚持新发展理念，坚持以改革开放为动力推动高质量发展"

2020.11十九届五中全会
提出"以推动高质量发展为主题，健全现代文化产业体系"

图 1 文化产业高质量发展的指数研究

* 魏鹏举，中央财经大学文化经济研究院院长、教授。

给增强人们的文化获得感、幸福感。党和国家连续几年都发布了对文化产业高质量发展的指导政策,尤其是最近召开的党的十九届五中全会,提出以高质量发展为主题,要健全现代文化产业体系。

在中央政策指导的大背景下,我们研究机构率先做了一些量化研究方面的努力。因为对该问题仁者见仁,智者见智,所以即便是我们做了这些研究,也还没有真正破题,只是给各位学者提供一个思考的角度。

我们于 2019 年 12 月 1 日在中国企业家博鳌论坛上,率先发布了"中国文化产业高质量发展指数",并在此次论坛上跟北京文投集团、新华网签了一个三年协议——连续在博鳌论坛上至少发布三年的指数。2020 年 12 月 4 日在博鳌论坛上发布了第二年即 2020 年的中国文化产业高质量的发展指数。

二、指数研究体系

首先给各位介绍一下:我们做的中国文化产业高质量发展指数的结构,主要聚焦 4 个字:提质增效,也就是主要关注在文化产业发展的效率和效益方面。

从"投入""产出"一级指标出发,做了 8 个二级指标。"投入"部分围绕产

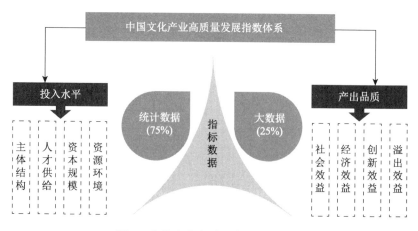

图 2　文化产业高质量发展指数体系

业要素进行指标的设计。首先是产业主体,即产业主体结构,第二是人才供给,第三是资本规模,第四是资源环境。产出方面的指标,主要聚焦4个效益,也就是社会效益、经济效益、创新效益和溢出效应。数据来源于75%的统计数据,25%的大数据。三级指标有32个——8个二级指标,每8个二级指标有4个三级指标支撑。

三、案 例

(一)北京市文化产业高质量发展指数分析

今年我们也完成了和北京市统计局合作的北京市文化产高质量发展统计监测的指数研究,也初步得出了一个结论。北京市的文化产业高质量发展,一级指标的设计和全国不同,考虑到区域综合性的要求,开发了5个一级指标:动能转化、结构优化、规模效益、开放发展、文化民生,各个指标20分,以2018年为基准100分。据此计算所得2019年的分值与2018年相比,总体来说为增长态势。动能转化分值超出基准分最多,为25.05,而规模效益相对来说低于基准分20分,其他文化民生、结构优化以及开放发展都高于基准分。从2019年北京市文化产业高质量发展的总体情况来看,和2018年基期相比,有所提升。从分指数来看,动能转化的得分相对来说最高,而规模效益看来问题比较大。

接下来是我们做的全国和北京市的指数情况,用了两套指数体系。

(二)全国文化产业高质量发展指数分析

从整体来看,2020年和2019年相比,全国的文化产业高度发展水平总体偏低,但是得分还是有所上升,比去年增长了0.67分。

具体来看,长三角省市高质量发展的水平非常高也非常稳定。在此列出全国排名,前三分别为北京、广东、浙江,上海、江苏排行前五。所以长三角核心省市连续两年都保持在前五的水平。

表1　中国文化产业高质量发展指数(2020)
各省市全国总体排名及年度变化表

全国排名	省份名称	相较上一年排名	全国排名	省份名称	相较上一年排名
1	北京	—	17	江西	＋2
2	广东	—	18	辽宁	－3
3	浙江	—	19	重庆	＋2
4	上海	—	20	河北	—
5	江苏	—	21	新疆	＋5
6	山东	—	22	云南	－4
7	四川	—	23	西藏	－1
8	湖北	—	24	广西	＋1
9	天津	—	25	吉林	－1
10	山西	＋4	26	青海	＋3
11	陕西	－1	27	贵州	－4
12	河南	—	28	内蒙古	—
13	湖南	－2	29	甘肃	－2
14	海南	＋3	30	黑龙江	—
15	福建	－2	31	宁夏	—
16	安徽	—			

注：各省市总分排名相较上一年提升标注为"＋"；相较上一年持平为"－"；相较上一年下降标注为"－"

　　从二级指标的得分情况来看，连续两年间，全国要素资源变化最大的是第三个指标——人才供给，2020年的全国指数比2019年高(注：2020年全国指数为2019年数据，不受疫情影响)。在文化产业的人才供给方面，2020年增长比较快、幅度比较大。但总体来说人才供给仍是文化产业高质量发展的一个短板。同时主体结构恶化成为潜在隐患，产业结构缺乏持续优化的表现。即是说从全国文化产业高质量发展指数的数据来看，2020年也是相对恶化的。究其原因，可能存在诸如市场集中度提升、"国进民退"等问题。

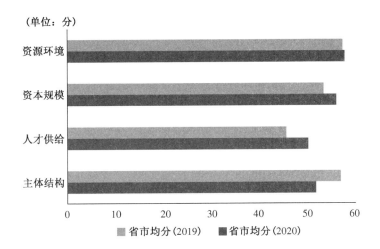

图 3　中国文化产业高质量发展指数（**2020**）
"投入水平"二级指数省市均分图

从产出数据来看，表格中社会效益的总体得分连续两年都是最高的，这充分体现了中国文化产业发展的导向效果。同时，也可以发现中国文化产业高质量发展存在的短板问题。在产出这 4 个二级指标里面，创新效益板是最短的。说明：全国文化产业在创新的投入和产出方面存在明显的不足。从"木桶效应"来看，全国文化产业高质量发展关键的制约因素就是创新这个方面。创新活力的缺乏影响了文化产业高质量发展的整体水平。

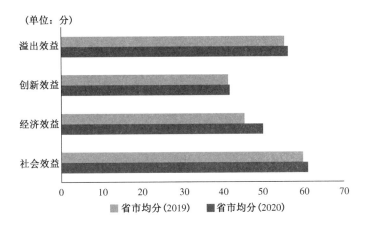

图 4　中国文化产业高质量发展指数（**2020**）
"产出品质"二级指标省市均分图

（三）长三角经济文化产业高质量发展指数分析

近年来中央高度重视长江经济带的发展。今年我们专门做了长江经济带文化产业高质量发展的指数分析。

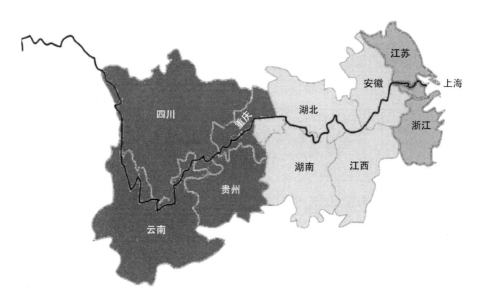

图 5　长江经济带

从长江经济带文化产业高质量发展的 2020 指数分析来看,目前长江经济带文化产业高质量发展的总体得分超过全国平均水平。从二级指标情况来看,我们用箭头来显示趋势。从表中可知,"主体结构"方面整体有所恶化:上海、江苏、浙江、安徽、江西、湖北、湖南、重庆、四川、贵州的主体结构都有恶化,只有云南省是上升的趋势。但是在"人才供给"方面,只有四川省有所下降,其他长江流域的各个省市都是上升的趋势。在"社会效益"方面,长江经济带文化产业的总体增长较多。

表 2　长江经济带相关省市二级指标得分（2020）
相较上一年变化趋势表

	上海	江苏	浙江	安徽	江西	湖北	湖南	重庆	四川	贵州	云南
主体结构	↓	↓	↓	↓	↓	↓	↓	↓	↓	↓	↑
人才供给	↑	↑	↑	↑	↑	↑	↑	↑	↓	↑	↑
资本规模	↑	↑	↑	↑	↓	↑	↑	↑	↓	↓	↓
资源环境	↑	↑	↑	↓	↓	↑	↓	↓	↑	—	↓
社会效益	↓	↓	—	↑	↑	↑	↑	↑	↓	↑	↑
经济效益	—	↑	↑	↑	↓	↑	↓	↓	↓	↑	↓
创新效益	↓	↓	↑	↑	↑	↑	↑	↓	↑	↑	↑
溢出效益	↓	↓	↓	↓	↓	↓	↑	↑	↑	↑	↑

以上就是我们关于文化产业高质量发展的指数研究，希望可以为各位学者提供一个思考的角度。

智能时代的长三角文化产业发展新趋向

解学芳 *

一、智能时代长三角文化产业发展的大背景

在回答为什么提出"智能时代",以及为什么要研究智能时代的长三角文化产业发展新趋向这两个问题之前,我们必须要先剖析智能时代背景下长三角文化产业发展面临的四个大背景:

首先是人工智能技术的发展开始从选择性介入转变为全方位进入到文化产业领域的各个方面——从前些年写稿机器人集聚的智媒体到 AI 参与创意设计、智能采编、影视场景切换与 AI 换脸、AI 博物馆计划、智慧文旅的方方面面……时至今日,智能时代已经成为国内外文化产业发展不可忽略的新的时代大背景。

其次是始自今年年初的全球新冠疫情。在新冠疫情影响下,文化产业增加值指标的下降不是特别明显,这得益于新兴网络文化业态的发展,特别是以手机游戏、网络直播、短视频等为代表的新兴数字文化的强势崛起,正是这些在线文化业态在全球新冠肺炎疫情冲击的大背景下,在社交距离的物理条件限制下得以更好地发展的契机,推动着整个文化产业走向数字化、在线化和网络化的进程。

再次是中美之间的科技冷战。中美两个大国之间的博弈让中国深刻感受到创新的重要性,也深刻认识到自主创新依然是我们的短板。我国文化产

---

* 解学芳,同济大学人文学院特聘教授、艺术与创意产业研究所所长。

业发展到今天,有多少优质内容是我们自主创新的?有多少原创内容能够成功走向国际、成长为"大 IP"的优秀文化品牌?这实际上是需要我们反思的问题,也是亟待改善的问题。

最后是这两年被多次提及的新旧动能转换。文化产业领域的新和旧,其实在遭受新冠疫情冲击以来体现得尤为明显。智能时代新和旧之间的转换,成为了未来长三角文化产业发展的一个必然的趋势。以"新"来驱动整个经济的发展,意味着一些传统的文化行业也一定面临着巨大的变革压力。从国家打造以国内大循环为主、国内和国际市场两个大循环相互促进的新格局来看,在智能时代,"开放性""创新性""跨界性"依然是文化产业未来发展的关键词与主流模式。

综上所述,对于长三角文化产业发展的大背景,我们需要去深入地了解、研究,才能更精准地把脉长三角文化产业未来的发展趋向。

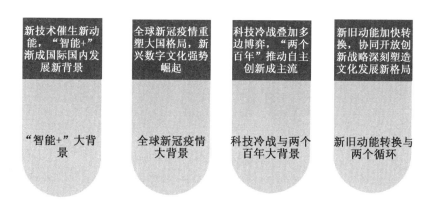

图1　智能时代长三角文化产业发展的大背景

二、智能时代长三角文化产业发展的三大趋向

需要强调的是,我们在这里提到的"智能时代",其实不单单是人工智能技术本身。AI 经过 60 多年的历史积淀,到今天终于形成大爆发。这与大数据的积累、云计算与物联网技术的发展与应用,以及 5G 时代的开启等合力发

展密切相关。这种新技术的汇聚体现在文化产业领域,催生了新的文化业态、新的文化模式和新的文化空间。与此同时,这种新技术的汇聚正在形成长三角地区文化产业发展的一个非常重要的趋向。这种重要的趋向,特别适应长三角地区的文化基因或者说经济基因,即高度市场化和高度科技化,尤其是上海,作为构建具有世界有影响力的科技创新中心之一,更需要在这方面有所贡献。可以预见,长三角高质量的发展必须建立在打造出一系列高度品牌化的、带有长三角 logo 的优秀文化成果,这种优秀的文化成果要走向全国市场,走到主流的国际文化市场。可以说,长三角文化产业的未来发展,应该担负着国家提升文化软实力的重大历史使命。

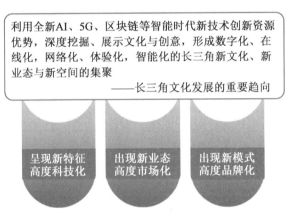

图 2 　智能时代长三角文化产业发展新趋向

鉴于此,利用全新 AI、5G、区块链等智能时代新技术创新资源优势,深度挖掘、展示文化与创意,形成数字化、在线化、网络化、体验化、智能化的长三角新文化、新业态与新空间的集聚,成为长三角文化产业发展的重要趋向。

在这里,我想分享三个大的发展趋势:

(一)第一个大趋势:网络文化新业态的共同体

推动长三角高质量一体化发展已经上升为国家战略,以上海为龙头的长三角城市为之付出了长期的、艰苦的努力。同时我们也应明白,由于每一个城市,包括上海和浙江、安徽、江苏的各个城市,都有各自的文化特色与区位属性,所以长三角文化要实现一体化实际面临着诸多困难。但是,我们可以共同构建网络文化新业态的共同体,在网络文化大发展、大繁荣的基础上,追求长三角城市新兴网络文化产业的协同发展。

从整体上看,传统互联网、移动互联网的基因是长三角地区的优势和特色,长三角地区具备打造网络文化产业共同体的优势。比如在浙江,阿里巴巴主攻大文娱,而在上海,其网络音频、游戏产业以及这几年兴起的电竞产业,优势和特色明显,例如喜马拉雅与蜻蜓 FM 作为专业音频分享平台亮点突出。而且这种优势的显现不是传统的加法法则,而是一个典型的指数法则。所谓指数法则,举例而言,假设一片池塘第一天只有一片荷叶,如果说要 60 天铺满整个池塘,但是实际上到 59 天的时候,它只铺满了一半,也就是在最后一天它会铺满整片池塘,从而出现真正的爆发式的增长,这就是指数法则。实际上,进入移动互联网赋权的网络时代,整个移动互联网技术与文化产业的深度交融,受到 5G、人工智能以及相关技术叠加对网络文化产业的助推,意味着未来网络文化新业态有着巨大的发展空间。

我在这里展示几组数据:第一组数据是我们去年做的关于 16 个长三角城市文化 APP 的使用状况。从图表数据可以发现,上海文化 APP 使用总规模排在第一位,优势突出。众所周知,这跟上海 2 400 多万的人口,即人口基数的红利是息息相关的。其次是南京、苏州、无锡、常州,而杭州相对来说比较靠后。但是整体来说,移动化、网络化正在成为长三角城市群文化产业发展的一个典型特点。

第二组数据是人均使用规模。根据图表数据显示,与总规模排名不同的是,上海排名较靠后——排在第四的位置,南京反而稳居第一位。究其原因,与城市互联网普及率、城市工作与生活节奏、城市居民受教育水平等均有关联。特别是南京,在长三角城市中是高校师生规模及其占人口的比重最高的,远高于其他城市——这是南京非常大的一个优势,也是其发展移动文化产业的亮点。

表 1　16 个长三角城市文化类 APP 使用总规模

三级指标	文化类 APP 使用规模共计(万人次)	喜马拉雅(万)	大麦网(万)	淘票票(万)	爱奇艺(万)	优酷(万)	抖音(万)	微信(万)	QQ(万)	网易云(万)	酷狗音乐(万)
上海	2 217 150 万	30 000	7 150	13 000	318 000	251 000	260 000	659 000	455 000	64 000	160 000
南京	1 419 116 万	15 000	3 109	6 007	204 000	124 000	176 000	413 000	326 000	43 000	109 000
苏州	1 249 744 万	15 000	1 719	4 025	186 000	101 000	169 000	359 000	282 000	28 000	114 000
无锡	571 212 万	7 019	708	2 485	83 000	49 000	75 000	167 000	126 000	14 000	47 000
常州	382 458 万	4 632	448	1 295	56 000	30 000	51 000	112 000	86 000	9 083	32 000
扬州	275 420 万	3 491	260	1 110	40 000	21 000	39 000	82 000	60 000	6 559	22 000
杭州	1 392 398 万	14 000	2 953	6 445	206 000	119 000	171 000	397 000	312 000	40 000	124 000
宁波	659 878 万	7 894	809	2 175	101 000	50 000	83 000	193 000	146 000	14 000	62 000
绍兴	358 608 万	3 751	525	1 280	54 000	28 000	45 000	105 000	81 000	8 052	32 000
嘉兴	366 252 万	4 608	340	1 116	55 000	25 000	47 000	109 000	82 000	7 188	35 000
湖州	242 951 万	2 747	254	848	37 000	18 000	33 000	71 000	52 000	5 102	23 000
合肥	667 723 万	7 488	589	1 646	98 000	48 000	88 000	197 000	156 000	19 000	52 000
安庆	255 396 万	2 152	164	485	37 000	19 000	34 000	76 000	58 000	6 595	22 000
芜湖	234 552 万	2 513	187	477	35 000	18 000	32 000	68 000	52 000	6 375	20 000
宣城	115 102 万	1 327	57	115	17 000	7 116	17 000	35 000	24 000	2 487	11 000
黄山	75 626 万	731	49	129	11 000	5 375	11 000	22 000	17 000	1 917	6 425

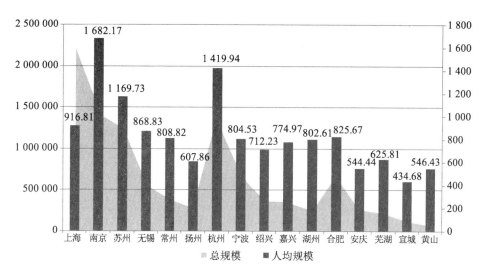

图3　16个长三角城市文化类 APP 人均使用总规模

第三组数据则是从网络传播力角度去审视江南文化品牌分布情况。我们构建了江南文化网络传播力综合指数,即由微信声量数、微博声量数、网页声量数、客户端声量数、报刊声量数、论坛声量数等构成,遴选出了长三角江南文化品牌百强。可以发现,浙江是最突出的,拥有江南文化品牌百强数量最多,其次是江苏,其中浙江规模约是上海的两倍。说明从网络传播维度来看,浙江、江苏在江南文化品牌的网络传播优势明显。

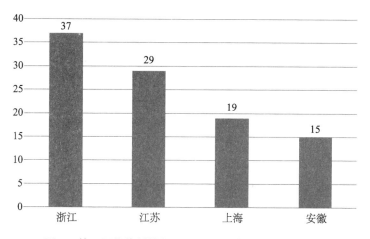

图4　基于网络传播的长三角江南品牌百强分布柱状图

综上所述,这三组数据说明,一方面,长三角的每一个城市都有其发展特色与不同的文化基因。另一方面,意味着长三角文化产业高质量发展需要树立不同城市求同存异的思维,要在网络文化产业共同体的打造中,把每个城市的文化特点进一步挖掘出来,形成互补的亮点与特色。

(二)第二个大趋势：体验文化新业态共同体

近年,包括上海、杭州、苏州在内的若干长三角城市出现了各式各样的沉浸式展览。传统的美术馆、博物馆、文化新空间,甚至很多文旅机构,都在开始考虑怎么利用 AR 技术、VR 技术、XR 技术、5G 技术、人工智能技术,给受众带来能够打通全身感官的新体验。例如,上海油罐艺术中心 teamLab 的沉浸式展览"油罐中的水粒子世界",链接用户听觉、触觉、嗅觉、味觉乃至情感,形成以自我为中心完全沉浸的全息体验;而苏州沉浸式光影艺术展"你,我的缪斯"与杭州 ChaoSpace 沉浸艺术展,实现参观者与艺术作品融为一体。此外,上海的钟书阁等多家知名书店店长化身主播,开启"云打卡""云阅读";浙江举办的"线上读书月"开启全民云阅读……可见,体验文化新业态,将成为长三角文化产业发展的一大亮点和特色。

(三)第三个大趋势：智能文化新业态共同体

"智能时代",智能文化是长三角地区可以作为亮点来打造的着力点。一方面,长三角拥有一系列发展智能文化的基础——长三角着力发展人工智能产业,已成为中国人工智能三大产业集群区之一,并且上海拥有全国 20% 左右的人工智能企业。图 5 是位于徐汇区的上海西岸国际人工智能中心,拥有集政产学研用为一体的人工智能产业链,打造上海乃至全国人工智能产业创新策源地、产业磁力场和应用示范田,为推动人工智能产业与文化产业的融合与创新发展带来很多想象空间。另一方面,迄今为止,很多与人工智能相关的国际大会和展览在上海连续举办——OFweek 维科网中国(上海)国际人工智能展览会暨第 4 届中国人工智能产业大会,2020 第七届中国国际人工智能大会暨展示会(CIAI2020),以"智能科技,改变未来"为主题的 2020 第八届上海国际人工智能展……不断形成了发展智能文化产业的大环境。此外,制度创新的维度也是一大要素。一系列出台的政策支持也助推人工智能产业在长三角不断发展壮大。例如,上海出台《关于加快推进人工智能高质量发展的实施办法》,浙江实施《浙江省新一代人工智能发展规划》,江苏发布《新一代人工智能产业发展实施意见》,安徽出台《安徽省新一代人工智能产业发展规划(2018—2030 年)》等,推动建立人工智能产业联盟,整个长三角地区发展人工智能产业的生态正在逐步形成。从整个大趋势来说,未来长三角地区会逐渐培育出发展新型智能文化业态的良好环境。

图5　徐汇区上海西岸国际人工智能中心

同时,根据我们 2018 年采集的数据——长三角地区 16 个代表城市最受欢迎的展览,会发现这些城市最受欢迎的展览展会大多聚焦智能化与物联网,体现出产业智能化和网络化的特点,而且,不同产业链上的很多环节都跟

"智能＋"业态绑定到了一起。由此可见,智能化与网络化成为引领长三角文化产业转型升级、增强文化发展内生动力和活力的助推器。

表 2　2018 年长三角部分城市最受欢迎的展览

三级指标	2 个最受欢迎的展览/展会的参加人次(万人次)	展览/展会名称及参加人次	展览/展会名称及参加人次
上海	50.45 万人次	2018ChinaJoy 闭幕 35.45 万人次	上海国际汽车及服务用品展览会 15 万人次
南京	26.2 万人次	2018 第十届江苏·南京外贸品牌商品展销会暨进口商品展 20 万人次	2018 第五届中国(南京)国际新能源汽车与电动车展览会 6.2 万人次
苏州	5.5 万人次	2018 苏州国际智能展览会 2.5 万人次	苏州国际机器人及自动化展览会 3 万人次
无锡	22.9 万人次	2018 无锡世界物联网博览会 18.9 万人次	中国(无锡)国际新能源大会暨展览会 4
扬州	7.1 万人次	2018 中国扬州国际工业装备博览会 2 万人次	中国首届智能船艇大赛暨 2018 智能船舶高端论坛 5.1 万人次
杭州	17.3 万人次	2018 中国国际电子商务博览会 12 万人次	2018 全球未来出行大会 5.3 万人次
宁波	37.5 万人次	中国特色文化产业博览会 30 万人次	全球智能经济峰会暨第八届中国智慧城市技术与应用产品博览会 7.5 万人次
嘉兴	8.9 万人次	2018 第十六届长三角(嘉兴)智能机械装备博览会 2.9 万人次	2018 全球工业互联网大会暨中国国际工业互联网博览会 6 万人次
湖州	190.02 万人次	中国湖州·台湾村国际旅游节 0.02 万人次	2018 湖州首届网络文化活动季 190 万人次

在文化领域亦是如此,如上海 SMG、浙江卫视、安徽卫视等都加快了融媒体与智媒体的协同发展,纷纷推出 AI 写稿人、虚拟主持人,以及跟人工智能相关的真人秀等综艺节目。例如,浙江卫视嘉宾主持智能机器人"小聪",SMG第一财经的全息虚拟演播室与虚拟主播"申芯雅",安徽卫视中国首档机器人真人秀"战斗吧机器人"……智媒体是智能文化新业态的非常成熟的发展形态。在影视制作和创意设计方面,以及较为普及的文化旅游方面,AI 都介入其中,如阿里"鱼脑"演员选角,阿里影业编剧 AI,2019 年以来江苏率先力推的5G 大运河文化体验,苏州博物馆及上海市历史博物馆等知名博物馆实现 AI博物馆解决方案等。此外,智慧旅游迈入 AI 智能新时代,AI 刷脸与精准识别被广泛应用于长三角的各个文旅景区。可见,智能文化新业态已经成为未来长三角文旅产业发展的常态。

综上所述,智能时代的长三角文化产业发展呈现上述三大趋势:首先是网络文化新业态的共同体,其次是体验文化新业态的共同体,最后是智能文化新业态的共同体。这三个大趋势是基于充分考虑长三角区域特点与城市文化基因,也是基于长三角长期积累的资源优势、文化优势、产业优势而形成的。这三大共同体的打造,正是在长三角城市群充分发挥各自特色与优势的基础上的一种集聚,显示出智能时代的长三角文化产业发展正迈向高质量发展阶段。

MCN 直播：文化产业
新风口和新举措

张 韬*

一、率先成立的 MCN 专委会

今天演讲的重点是直播经济的风口和前景展望。直播经济其实属于网络视听的一部分。今天广大市民对于网络视听的理解，发生了很大的变化，从以往关注爱奇艺、优酷、土豆、腾讯等等这些视听平台的内容转变为了更加关注直播。网络视听已经作为一项广泛的传播工具，深度地融入到各行各业，融入了广大人民群众的生活。

首先，介绍一下我们协会。上海市网络视听行业协会是在 2011 年由上海市委宣传部、原上海市文化广播影视管理局批准设立的。目前协会会员单位有 320 多家，包括各大视频视听平台。其中视频服务机构包括爱奇艺、哔哩哔哩等平台，音频服务机构包括喜马拉雅、蜻蜓 FM、阿基米德等平台，同时我们还有很多大型内容制作机构，以及一些第三方服务商。这里所说的第三方服务商包括了版权类、金融类、培训类的服务机构。它们构成了协会主要的会员成分。

与此同时，上海市网络视听行业协会也在积极抢占新的市场风口。随着中国数字经济的磅礴发展，直播经济风生水起。协会在 2020 年 5 月 15 日，率先成立了全国第一个 MCN 的专业委员会。这个专委会已经有 49 家会员单位，基本上也都是直播领域的专业机构，像签约头部主播李佳琦的平台美

---

*　张韬，上海市网络视听行业协会秘书长。

ONE、字节跳动、抖音、哔哩哔哩、小红书等机构，以及抖音最大的 MCN 机构无忧传媒，李子柒海外 YouTube 独家运营团队葡萄子等，同时也涵盖如上海东方明珠投资管理公司等投资机构和英模文化等广告商或供应链企业，以及深耕版权保护的冠勇科技、小葫芦大数据等第三方服务企业，覆盖 MCN 全产业链。

以协会的专委会为代表，上海的 MCN 经济已经发展到一个较高的阶段。在这里给大家分享一个数据，在这 49 家单位中，MCN 机构占了接近一半，同时，推动 MCN 直播的平台占了 27%，直播经济的投资机构占了 6%，直播经济的广告商和供应链机构占了 8%，第三方服务占了 12%。如此看来，成立 MCN 专业委员会的初衷是整合整个行业的产业链，并且聚集更多的行业头部机构于上海。

目前我国网络直播用户达到 6.17 亿，其中电商用户规模达到 3.88 亿，占网民总体的 39.2%。从整体上看，直播经济的发展现状主要以直播经济的跨界发展作为大方向。当下在直播经济领域中出现了各种各样的跨界，比如许多影视和表演界的明星和演员，利用他们的知名度和人气，跨界参与了直播经济的服务。又比如一些著名企业家和集团的 CEO，像格力集团的领军人物等，也通过直播带货明显提升了企业产品的营销效益。以前都是草根成为网红，在短视频领域进行直播带货。然而现在各类明星也参与到直播经济中，甚至还有央视的主持人和罗永浩等。在我们看来这些都是炒热直播经济的一个个风口。在这样的情况下，上海审时度势，深入贯彻习近平总书记关于"疫情对产业发展既是挑战也是机遇"的重要指示，在 2020 年 4 月出台了促进新经济发展的方案。以上海推出的"五五购物节"这项全新的大型购物节庆活动为例，5 月上海全市网络零售额近 1 000 亿元，在直播和消费券的带动下，传统购物商场常规销售品类如女装、运动、童品等大类出现同比 20% 以上的罕见增长。淘宝的数据显示，在国内城市中，上海的淘宝直播，无论是用户的观看数，或者是相关的其他各品类的规模，在全国均处于领先地位。

二、直播经济兴起的原因

中国的直播经济蓬勃发展的主要原因，我认为是因为直播经济能够很好地促进国内商品的流通，那么也很符合刚才各位专家讲的，也是国家最近一直在倡导的，促进国内经济的大循环，从而带动国内国际双循环。在我看来，国内的经济要循环，首先要把货物流通起来。只有货物流通起来，产生了交易，这个流程才能产生正向的引领作用，进而促进国家经济的整体发展。疫情期间中国的直播经济发展势头尤为明显，相关数据显示因疫情影响，线下活动被迫暂停的情况下，大家将注意力转移到了线上直播、短视频平台，电商海淘平台直播内容占在线直播用户观看直播主要关注内容的33%。同时，许多电商头部主播通过直播的形式呼吁大家共同抗疫，在央视主持人与李佳琦共同为湖北助力的公益直播中，累计观看人数达 1.22 亿，累计卖出总价值 4014 万元的湖北商品。直播这种在线新经济模式，与传统的线下购买相比，关注的人群更多，商品的流通范围更广，产生的影响也更加深刻。

在直播经济领域，上海正在发挥连接国内和国际之间的重要枢纽和引擎作用。近期上海市商务委出台新政策，提出要促进直播的跨境电商的发展。相关举措的实施主要基于国家倡导推动国内国际的"双循环"，跨境贸易在其中可以作为一种很好的表现方式，我相信直播经济未来在跨境电商领域会有全球化的发展。现在不光是上海，全国很多个地方都在打造直播高地了，像广州喊的口号是"打造直播电商之都"，杭州是"打造直播经济第一区"，重庆是"打造直播应用之都"，青岛是"建设北方直播电商领先城市"，济南提出的发展目标是建设直播经济总部基地。每个城市结合着各自的区位优势，提出各自的发展方向。而上海凭借丰富的资源优势，充分发挥作为国际化大都市的时尚、文化、创意、全球贸易等长板优势，计划打造"品质直播第一城"。

2020 年 11 月 3 日，上海市举办了推动上海建设"品质直播第一城"的活动。目前上海也在落实打造"品质直播第一城"的相关举措，出台了第一个针对直播经济行业 MCN 机构的团体标准，同时协会也获得了上海市人社局授牌的"高技能人才培养基地"称号。上海真正要做的是把品质直播做好，上海在直播领域最大的优势是首发模式，让海内外的优秀产品在上海首发、首展、首秀、首推。很多国外的大牌商品和优质服务进入中国市场的时候，选择的第一个城市就是上海。而上海也是中国商品走向世界的桥头堡，来自中国各省市的大批出口产品和服务通过上海出口到国际市场。所以上海按照市委宣传部的要求，一直在围绕着品质直播来发力，未来也会推出一系列新动作和新举措。

三、直播经济的特点和图谱

直播经济作为新业态的主要特点是什么？我们首先分析一个定义，即MCN。它是"Multi-Channel Network"的缩写，也就是多频道网络的产品形态，即一种新的网络经济的运作模式。以前大家生产出新商品，首先是去找广告公司做这个品牌的包装和定位，之后去再去找央视、各个地方的卫视或者是广播电台，再或者是一些互联网平台进行硬广的投放。这些推广做完之后，产生的带动作用和经济效果都较为传统。随着互联网科技的不断发展，直播经济应运而生。而现在通过MCN这种模式，将不同类型和个性化内容即PGC（专业生产内容）联合起来，在资本的有力支持下，保障内容的持续输出，从而实现商业的稳定变现。

在直播经济中，品牌策略、预热活动策划、平台投放选择等一系列行为都围绕着"直播能够产生多少效益"这一结果展开。举一个最实际的案例，我有个同学开发和生产了一款鳗鱼饭，在2020年的疫情期间生产出来。后来他在淘宝天猫上开店进行销售。通过网上的推广，每个月可以达到几十万的成交额。接着，他把这些货品委托给李佳琦进行直播带货，直播时长5分钟。前段时间，我问他每个月的销售额现在能达到多少，他说大概有三四百万。在这其中，主播在直播带货的过程中为品牌商带来了相应收益，而主播在后续的商品销售产生收益过程中的作用则微乎其微。很多人认为主播在带货过程中收取了品牌商的大量费用，而实际上品牌商在后续的销售过程中，乃至于每个月不断产生的销量收益,与主播并无关联。当前直播这个行业刚开始起步,其中蕴含的商业活力正在逐步被激发出来。它很值得大家去研究,并且在集思广益、群策群力的建设中,使得直播经济更多地造福于全社会。

关于直播经济的生态图谱,包括内容的需求方和社交平台等,形成了一个相互关联的网络。其中还有第三方服务的支持,包括版权到分发再到数据监测。有关数据显示,上海有很多投资直播经济的企业,比如薇娅的公司也已经在上海设立了子公司。现在,随着越来越多的头部直播平台企业在上海设立子公司或分部,上海的直播经济头部集聚效应越来越明显,这也将带动上海直播经济整体发展。

上海市政府在直播经济发展中给予了很大的支持。有关领导明确提出:直播经济既是直播也是经济,归根结底是文化营销。我们根据这一要求,正在积极推动上海直播经济的发展。从总体上看,直播经济的发展是机遇与挑战并存的。我们认为直播经济在发展过程中主要还有以下四点可提升空间:一是直播经济中盈利变现形式可更加多元化,当前 80.6% 的 MCN 机构采用广告营销进行变现,而这种广告内容的特点是低持续性,广告内容创意疲劳,对平台而言也是一个不小的挑战,同时部分 MCN 机构人力成本较高,压缩原本的利润空间,未来在提升直播内容的方式和品质的基础上可尝试探索多种盈利变现形式,更好地满足人民群众日益增长的需求。二是强化内容与版权运营,随着互联网社会日新月异的发展,用户内容消费习惯与消费场景都在不断变化,品牌方与用户对直播经济的内容的质量要求也在不断提升,同时行业版权保护机制尚存有成长空间,未来在探索内容创新的基础上加强针对短视频的版权保护,进一步重视知识产权保护和开发,杜绝恶意模仿等不良行为。三是汇聚行业精英人才,目前行业头部人才相对不饱和,平台与企业对于人才的需求量较大,未来可尝试人才引进与人才联合培养机制,避免人才流失。四是拓展行业发展新路径,当前 MCN 行业竞争较为激烈,如何减少或消除内容同质化,避免不必要的竞争,提升 MCN 平台机构自身的核心竞争力,进一步加强行业的自律和管理,让整个直播经济的发展更加规范,也更加健康和成熟。

四、直播经济的未来机遇

在直播经济的未来发展机遇方面，我们认为：一是 5G 的技术能够推动直播经济的发展，也就是通过科技进步为直播经济提供良好的基础。2020 年为 5G 技术元年，5G 与直播技术融合将会降低直播成本、提升直播画面质感，并且推动直播与更多的业态相结合，直播经济将获飞跃式发展。同时国家发改委等相关职能部门印发关于支持在具备条件的行业领域和企业范围内探索大数据、人工智能、云计算、5G 等新一代数字技术应用和集成创新等相关文件可以看出，直播经济产业的融合发展过程中，科学技术手段将作为核心条件。二是优质的内容引领直播经济领域高品质服务的发展，进一步推进直播领域产品和服务的升级。对网络红人来说，要想获得足够多的粉丝关注，仅仅拥有传播渠道并不够，更重要的是要拥有强大的内容创作能力和持续创新能力，通过创新保持作品产出的新鲜度和高质量。在互联网时代，在公众需求不断迭新的新时代，更应该坚持内容为王以满足人民群众对美好生活的向往。

随着直播经济的不断发展，其中从业人员素质能力的提升也是一个不可忽略的问题。近年来，国家大力倡导"营造风清气正的网络空间"，国家网信办等相关执法部门针对网络直播违规情况"零容忍"处理。因此为满足从业机构业务发展和队伍建设的需求，协会每年举办上海市网络视听节目审核员培训班，并计划开展互联网营销师等级能力评定项目。从内容"制造者"到"把关人"，全产业链环节全面提升，打造适应直播经济发展的应用型人才。

我们协会对于下一阶段的规划大致分为三个部分，首先是推进 MCN 团体标准不断完善，从而服务好更多的从事直播经济的平台和企业，鼓励企业加强行业自律，进而推动该标准逐步成为全国的行业标准和规范。其次是筹建上海市 MCN 产业促进机构与研究院，届时将发布相关标准及行业研究，从专业化的角度进一步引导上海市 MCN 行业健康发展。最后是举办一系列的行业盛会，围绕建党一百周年、世界 MCN 大会等重要活动节点，汇聚 MCN 平台和企业，通过开展形式多样的活动，汇聚各方力量，共同建设中国的直播经济高地。

目前上海市在直播经济竞争中,税收、人力、租金等方面仍具有发展空间,但是也拥有国际化、高端化、产业链成熟化的优势。只有不断扬长避短,集聚各方资源,共同努力,为网络视听乃至直播经济行业营造更好的发展环境,方能汇聚更多的行业人才精英,吸引更多优质、头部企业来沪发展,让本市在线新经济企业愿意留在本地,快速发展。

新经济背景下的文创产业功能区创新

——兼谈成都经验的启发

马　健*

一、文创产业功能区：含义、要素及其演进历程

（一）文创产业功能区的基本含义

文创产业功能区是为了有效破解传统文创产业园区"重地理集中、轻产业集聚""重运营成本、轻能力提升""重项目数量、轻企业协作""重产业发展、轻生活服务"等突出问题，通过完善文创产业生态链，构建文创产业生态圈，吸引文创人才、文创企业、文化资源、知识技术、金融资本等各类资源要素的有效聚集和高效配置，形成集设计、研发、服务、生产、生活、生态等多种功能于一体，从而有效解决同质竞争、产城脱节、职住分离、基础设施不专业、公共服务不配套、产业协作不经济等现实问题的新型城市文创产业社区。

（二）文创产业功能区的要素构成

文创产业功能区的本质是一种以多维网络体系形态呈现的城市文创产业社区。文创产业功能区主要由五大要素构成：文创人才、文创企业、专业服

* 马健，国家文化产业创新与发展研究基地西南研究中心执行主任兼首席专家，西南民族大学旅游与历史文化学院教授。

务、基础设施、政策体系（见图1）。五大要素之间的关系是：文创人才是文创产业功能区建设的关键，文创企业是文创产业功能区建设的核心，专业服务是文创产业功能区建设的重点，基础设施是文创产业功能区建设的保障，政策体系是文创产业功能区建设的动力。具体来说：

图1　文创产业功能区的要素构成示意图

在文创产业功能区内，要有大量的艺术家、设计师、文创客，以及文创企业家、文化经纪人、文化策划人等各类文创人才。文创产业功能区的活力正是来自于文创人才。

在文创产业功能区内，要有众多互相依存、互相协作、互促发展的文创企业。而且，这些文创企业还要有供应链、产业链和（或）价值链等不同维度上的战略合作关系、战略协作关系和（或）战略互惠关系。不仅如此，文创产业功能区内的文创企业既要有龙头文创企业和骨干文创企业，也要有小微文创企业和创业团队。

在文创产业功能区内，要有以市场化方式提供专业型服务的各类企业和专业机构。一个文创产业功能区所能提供的金融服务、咨询服务、信息服务、代理服务越便捷和高效，这个文创产业功能区的"功能"越强大。

在文创产业功能区内，要有能够保证社会经济活动正常运行的供水供电、公共交通、网络通信、商业服务、文化教育、医疗卫生等基础设施和服务体系。这是文创产业功能区得以正常运转的基本保障。

在文创产业功能区内，要有地方政府及有关部门出台的旨在支持文创人才成长和文创企业发展的扶持政策，要有明确的文创产业功能区发展规划，并提供相应的公共服务。

（三）文创产业园区与产业功能区

中国文创产业园区的演进，大致经历了三个发展阶段（见图 2）：

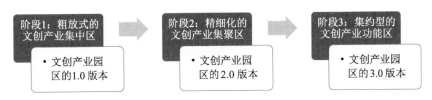

图 2　中国文创产业园区的发展阶段示意图

第一个阶段是粗放式的文创产业集中区（文创产业园区的 1.0 版本）。文创产业集中区是将"大文化"概念下的各类文创人才和文创企业简单集中到某个特定地理范围内的粗放式发展模式。文创产业集中区存在的主要问题是"重地理集中、轻产业集聚""重运营成本、轻能力提升"。

第二个阶段是精细化的文创产业集聚区（文创产业园区的 2.0 版本）。文创产业集聚区是根据专业化分工和互补式合作关系，将众多独立而互相关联的文创企业以及相关文创机构集聚到某个特定地理范围内的精细化发展模式。文创产业集聚区存在的主要问题是"重项目数量、轻企业协作""重产业发展、轻生活服务"。

第三个阶段是集约型的文创产业功能区（文创产业园区的 3.0 版本）。文创产业功能区是通过建设集生产功能、生活功能、生态功能于一体的文创产业社区，切实提高文创产业基础能力和文创产业链水平，具有优势互补和高质量发展特征的文创产业集约型发展模式。

由此可见，文创产业功能区的建设，既是克服区域文创经济发展同质化的治本之策，也是优化文创空间布局和重塑文创经济地理的重要手段。

二、成都文创产业功能区建设的"人城产"逻辑

成都国家中心城市产业发展大会在全国率先提出"人城产"理念,按照"产业先导、职住平衡、完善配套、塑造城市美学"的原则,统筹布局建设 66 个产业功能区,探索城市发展方式和经济组织方式的调整路径。简单来说,成都文创产业功能区建设的"人城产"逻辑就是:将人本理念作为重塑成都文创经济地理的出发点,以城聚人、以人聚产、以产兴城。

(一)创新人才供给:吸引文创人才来蓉,发挥"人才场效应"

文创产业发展的核心在于人的文化创意。在文创产业的诸多生产要素中,最重要的生产要素是人力资源,而不是人们通常认为的文化资源。范锐平在成都市产业功能区及园区建设工作领导小组第三次会议上明确要求:"推动高水平人力资源协同,大力引进一批行业领军人才、运营管理人才,引育一批专业技能人才,夯实产业功能区高质量发展的人才保障。"

虽然成都的文化生态环境对文创人才具有天然的吸引力。"乐观包容"的文化态度既是成都人达观向上、求同存异、兼收并蓄的生活智慧,也是成都以开放的胸怀和温暖的召唤汇聚文创人才的重要优势。不仅如此,成都近年来已在推进文创人才队伍建设方面出台了一系列力度颇大的人才政策。在区(市)县一级,武侯区还在全市率先制订了《成都市武侯区文化创意优秀人才培养扶持细则》。但整体来看,一方面,各区(市)县在文创领域贯彻落实《关于印发〈关于实施"成都优秀人才培养计划"的办法(试行)〉的通知》(成组通〔2015〕103 号)文件精神的整体效率还有待提高;另一方面,各区(市)县在优秀人才的培养和扶持上依然偏向于科技人才,对文创人才的培养和扶持工作做得还远远不够。

事实上,建设成都文创产业功能区的有生力量,除了从事文化创意的高端文创人才和文创企业的优秀经营管理人才外,还包括文创企业的中层骨干和文创领域的"奇才""怪才""偏才"。与科技人才不同,许多文创人才既没有

抢眼的高学历，也没有靓丽的高帽子，更没有光鲜的高职位，并因此长期以来被传统的人才政策忽视。但对于成都文创产业功能区的建设来说，只有在文创人才政策创新上有所突破，才有可能在日趋激烈的"城市文创人才争夺战"中"突出重围"，从而更好地吸引、用好和留住文创人才。

成都的文创人才政策是建设好文创产业功能区，促进文创人才就业创业，重塑成都文创经济地理的关键。成都文创人才政策的创新，要在坚持物质激励和精神激励并重，高级文创人才和"草根"文创人才并重的基础上，通过深入调研成都文创人才的发展现状及其政策诉求，全面比较其他"国家中心城市"的文创人才政策，反复论证优秀文创人才的认定标准，尽快出台专门针对文创人才特点的《关于实施"成都文化创意优秀人才培养计划"的办法》和《成都市文化创意优秀人才培养扶持细则》等相关政策，重点吸引、用好和留住文体旅游业、音乐艺术业、会展广告业、创意设计业、传媒影视业、现代时尚业、信息服务业、教育咨询业等细分产业领域的文创人才。真正通过文创人才要素供给的创新，吸引全球各地的优秀文创人才汇聚成都，激发成都文创产业功能区的"人才场效应"。

（二）强化相关配套：解决产城分离问题，实现"职住平衡"

范锐平在成都市产业功能区及园区建设工作领导小组第五次会议上特别强调三个"着眼"：一是着眼"治本"。通过建设集生产、生活、生态的复合功能于一体的产业功能区，探索有效破解城市发展困境和社会发展难题之路。二是着眼"转型"。彻底扭转传统的产业园区思维。通过做强产业功能和补齐生活短板，建设能够真正体现新发展理念的城市空间载体。三是着眼"提质"。按照"生产空间集约高效、生活空间宜居适度、生态空间山清水秀"的要求，建设"人城境业"和谐统一的产业功能区。

按照上述要求，成都文创产业功能区的产城布局思路就应该是：坚持美丽宜居公园城市的建设理念，以实现高产出效率和高宜居水平为目标，以集约节约、绿色低碳、生态宜居为方向，按照以城聚人、以人聚产、以产兴城的部署，统筹生产、生活、生态布局，将成都文创产业功能区建设成为文化体制改革先行区、先进文创要素集聚区、特色文创产业优势区、高品质宜居生活社区,建设成为"人城境业"和谐统一公园城市的重要承载地和标杆展示区。

从生产的角度来看,成都文创产业功能区要提供文创产品设计、研发、生产的基础条件,有效利用文创人才、文创企业、文化资源、知识技术、金融资本等资源,通过众多文创企业的集聚,为广大文创人才提供充裕的就业机会、充足的创业机遇、充分的创意空间。

从生活的角度来说,成都文创产业功能区必须明确"小而精、秀而活、绿而美"的城市文创产业社区建设理念,实现文化、体育、休闲、娱乐的空间载体充足,购物、出行、求学、就医等日常生活便利的建设目标,为吸引和留住文创人才提供便捷舒适的高品质社区生活环境。

从生态的角度而言,成都文创产业功能区必须坚持"绿色发展"的产城空间优化布局思路,为世界文创名城、世界旅游名城、世界赛事名城、国际美食之都、国际音乐之都、国际会展之都的建设奠定"绿色宜居、产城融合"的产城布局基础。

总之,成都文创产业功能区的产城布局思路,必须树立产城融合理念,按照产业先导、职住平衡、完善配套和塑造城市美学的原则,科学优化城市文创产业社区的规划和设计,建设能够彰显天府文化的当代价值,体现绿色生态宜居特色的城市文创产业社区,从而实现城市与产业"在时序上同步演进,在空间上分区布局,在功能上产城一体"的规划理念与建设目标。

(三)明确主导产业:精准定位,产业先导,完善文创产业链

成都文创产业功能区的建设,要从深刻认识文创产业发展规律的高度出发,全面理解和充分激发创意引领创新、创新推动创业、创业带动就业、创业激发创业的"创意—创新—创业"链式效应。不仅要充分发挥成都文创产业功能区内的文创企业群落在"孵化培育—成长成熟—再孵化"方面的天然优势,实现成都文创产业功能区的产业结构优化升级与产业生态系统和谐。而且要充分发挥文化创意和设计服务同相关产业在融合发展过程中,对提升相关产业的产品和服务附加值所起到的赋能作用。

一是坚持整体布局理念,形成"两个循环"格局。成都文创产业功能区的建设,要坚持成都全市"一盘棋"的整体布局理念,在明确文创产业功能区的主导产业定位和关联产业布局的基础上,遵循文创产业发展的客观规律,形成具有成都特色的成都文创产业全景图、成都各区(市)县文创产业链全景图、成都文创产业生态发展路径图、重点文创企业和配套文创企业名录。构建以文创产业功能区为核心单元和主要内容的成都文创产业生态圈,将成都文创产业功能区建设成为具有国际竞争力和全国标杆性的新型城市文创产业社区群落。一方面,坚持改革创新,对内加快引导各类资源要素打破行政壁垒的约束和地域市场的分割,主动融入以国内超大规模的文化市场为核心的国内文化经济大循环体系。另一方面,坚持开放引领,对外主动对接全球文化价值链的核心内容和文创产业链的高端环节,建立和完善具有国际竞争力的成都现代文创产业体系和市场体系,积极融入以国内国外"双循环"相互促进为特征的文化经济新发展格局。

二是聚焦人才要素供给,建设文创资本市场。成都文创产业功能区的建设,要加强天府文化资源禀赋和成都文创产业发展的内在联系。通过打造以"校、院、地、企"为主体的利益共同体、责任共同体、命运共同体,将沉淀的天府文化资源优势创造性地转化为成都文创产业发展的不竭动力。一方面,坚持文创企业的需求端导向和市场化的人才评价标准,围绕成都文创企业对文创人才资源的"全生命周期"需求,既大力引进高层次的文创领军人才和紧缺急需人才,也要重视文创企业的核心业务骨干和确有特殊才能的文创人才。不断探索文创人才引进的"一企一策",确保文创人才的"引育培用"更加精准。另一方面,既要重视资本平台的作用,通过搭建文创资本与文创项目的对接平台,合理引导社会资本更多更快更好地参与和更实更准更细地支持成都文创产业的发展,为成都文创企业的高质量发展提供市场化、专业化、国际化的全过程投融资服务。也要重视引导基金的作用,由政府部门主导设立成都文创产业发展引导母基金,充分发挥地方财政资金的杠杆放大效应,通过引导"母基金"和股权投资机构合作发起"子基金"的方式,吸引和引导社会资本投资成都文创产业的重点领域和薄弱环节。

三是加强专项政策供给，完善文创政策体系。成都文创产业功能区的建设，要加强文创主导产业的专项政策供给，为将成都文创产业功能区建设成为具有国际竞争力和全国标杆性的新型城市文创产业社区群落，提供全国领先的文创政策体系支撑。一方面，打造专业化的文创服务平台，建立人性化的文创服务机制。逐步实现有一个美丽宜居公园城市生活设计模型、有一张文创产业链全景图、有一套专业性文创政策支持体系、有一批国家级文化创新中心、有一批市场化的文创投融资平台、有一批"政产学研用"五位一体的文创协同创新平台的"六有"文创服务平台和文创服务机制。另一方面，加强专业文创人才队伍建设，创新文创经济工作组织方式。坚持引进人才与培养人才并重原则，在引进"懂文创、擅策划、会管理"的文创人才的同时，通过举办培训班、文创沙龙、专题讲座等形式，不断提升文创人才的工作能力和业务水平。坚持"有为政府"和"有效市场"的良性互动原则，将"集中力量办大事"的显著优势与"分布式创新谋发展"的高效模式有机结合，加强文创主导产业的专项政策供给，逐步实现政府从"土地供给"向"平台供给"的转变，从"优惠政策供给"到"发展机会供给"的转变，逐步形成全国领先的成都文创政策体系。

三、成都文创产业功能区的建设思路与实现路径

（一）核心在产业：以竞争优势原则选择文创产业主导方向

成都文创产业功能区建设的成败，关键取决于是否以竞争优势原则选择对了成都文创产业的主导方向。因此，必须坚持成都全市"一盘棋"思想和"三图一表"差异化产业协同发展思路，以构建成都的现代文创产业体系和市场体系为目标，以精准化确立文创主导产业为出发点，以前瞻性培育新的文创产业形态为落脚点，不断提升成都文创产业功能区的布局质量、项目质量、配套质量。通过深度研判全球文创产业的发展规律和未来趋势，龙头文创企业的竞争战略和投资方向，新兴文创企业的国际化战略和全球化布局，以及

文创领军人才的卓越贡献和最新进展等基础性工作,将创新突破口和工作着力点放在引进战略性新兴产业的龙头文创企业、文创产业的创新型领军人才和拔尖人才、文化与科技交融式创新平台上,在文体旅游业、音乐艺术业、会展广告业、创意设计业、传媒影视业、现代时尚业、信息服务业、教育咨询业中进一步精准定位、集中资源、重点突破,增强成都文创主导产业的创新力、影响力、竞争力。

从竞争优势的角度来分析成都文创产业,成都应该进一步集中资源,聚焦于产业基础积淀深厚、文创人才储备丰富、辐射带动能力较强、有望赋能传统产业的五大文创主导产业:文体旅游业、音乐艺术业、会展广告业、创意设计业、信息服务业(数字娱乐业)。

(二)关键在功能:科学谋划和统筹生产、生活、生态功能

成都文创产业功能区的建设,必须坚持生产、生活、生态并重的产城空间优化布局原则,以宜业宜居为目标塑造城市新形态。以满足文创人才成长的"全生命周期"需求和文创企业发展的"全生命周期"需求为目标,坚持"功能复合、职住平衡、服务完善、宜业宜居"的发展导向,形成和完善基于文创产业功能区规划编制导则、设计导则、建设指引的"三图一表"。具体来说,要坚持"三个围绕":一是围绕文创产业形态,构建现代化设施平台,加强供水供电、公共交通、网络通信、商业服务、文化教育、医疗卫生等基础性公共服务设施的规划和建设。二是紧密围绕文创人才和文创企业的实际需求,打造"问题导向"的应用型多功能科研平台,面向社会服务,强化应用研究,推动跨界融合,提供智力支持,解决现实问题。三是围绕文创产业人群构建生活性服务平台,从交通便捷性、环境健康性、社会人文环境舒适性、公共服务设施方便性等方面入手,提高成都的城市宜居性和成都市民的幸福感。

根据上述目标和要求,成都文创产业功能区的建设,要从完善文创产业链的上下游入手,全面提升成都文创产业能级(见图3)。具体做法是:第一,加强上游制作,聚焦发展影音娱乐、数字娱乐、文艺创作,以及建筑、工业、广告等领域的创意设计。第二,丰富放送渠道,聚焦发展数字出版和现代传媒。

第三,升级下游消费场所,聚焦发展博物馆、文化展馆、主题公园等可选主题场所的建设,音乐演艺、影视娱乐等特定主题场所的建设。

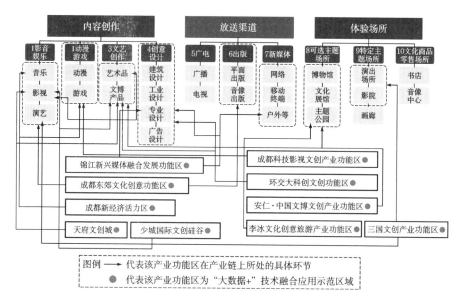

图 3　成都文创产业功能区的产业布局示意图①

(三) 支撑在园区:以生态圈理念引领文创产业的要素集聚

文创产业功能区的建设,一方面,要加快建设以文创产业新城、特色文创街区、特色文创小镇为主要物质形态和空间载体的现代文创产业园区,推动成都的文创产业园区从"规模速度型"向"质量效益型"转变。另一方面,要加快建设以政府为主导、以需求为导向,"政产学研用"共建共享的成都文创产业生态圈。推动"形聚"的成都文创产业园区向"神聚"的成都文创产业生态圈转型升级。以文创产业生态圈的建设理念,引领文创主导产业集群要素的集聚,引导文创人才、文创企业、专业服务、基础设施、政策体系等各类要素打破

---

①　资料来源:成都市发展和改革委员会《成都市产业发展白皮书(2019)》,网址:http://cddrc.chengdu.gov.cn/cdfgw/ztlm028003/2019-09/23/content_dd8b2a645ff740ebbe8ca57f4a1ddb33.shtml。

地域约束和行业壁垒,推动文创产业园区跨界跨区发展壮大,逐步形成文化生产要素的价格形成机制和市场运行机制都很完善的成都文创产业生态圈。

根据上述目标和要求,目前成都文创产业功能区布局情况如下:影音娱乐主要布局在天府文创城、成都东郊文化创意功能区、成都新经济活力区、成都科技影视文创产业功能区、三国文创产业功能区;数字娱乐主要布局在成都科技影视文创产业功能区;文艺创作主要布局在成都科技影视文创产业功能区、环交大科创文创功能区、少城国际文创硅谷、安仁·中国文博文创产业功能区;文化创意设计主要布局在环交大科创文创功能区、少城国际文创硅谷、锦江新兴媒体融合发展功能区;出版产业主要布局在成都东郊文化创意功能区;新媒体产业主要布局在锦江新兴媒体融合发展功能区。可选主题场所体验主要布局在安仁·中国文博文创产业功能区、李冰文化创意旅游产业功能区;特定主题场所体验主要布局在三国文创产业功能区(见图4)。

图4 成都文创产业功能区的空间布局示意图①

---

① 资料来源:成都市发展和改革委员会:《成都市产业发展白皮书(2019)》,网址:http:// cddrc. chengdu. gov. cn/cdfgw/ztlm028003/2019-09/23/content_dd8b2a645ff740ebbe8ca57f4a1ddb33. shtml。

世界级大城市群文创赋能：
从城市文化创意指数说起

王齐国[*]

前言：新时代使命与文化创意

党的十九届五中全会发表的公报，确定了"十四五"时期经济社会的发展，是以满足人民日益增长的美好生活需求为根本目的。在 2017 年 10 月召开的中国共产党第十九次全国代表大会，就明确提出中国特色社会主义进入新时代，我国社会主要矛盾已经转化为人民日益增长的美好生活需要和不平衡不充分的发展之间的矛盾。

确立中国进入新时代以及新时代我国社会主要矛盾，是十分重大的论断：一是人民日益增长的美好生活需要是时代发展到今天的必然，满足人民过上美好生活的愿望成为中国政府新的责任担当；二是不平衡、不充分的发展是制约人民过上美好生活的结构性问题，这些结构性问题必须彻底解决。

"美好生活"是我国向世界发出的宣言，至少包含三点意涵：一是人民有正确的信仰，社会意识形态美好。我在多年前就给学生们讲，要因应中国大国崛起，涵养有大国民风范的精神气质，体现更高的文明水平。并提出大国民风范四项指标：有智慧、有情义、包容、从容。国民风范状态决定软实力强弱；意识形态美好，国家才会变得可爱。二是过有品质的生活。所谓有品质的生活就是物质富足而精致，精神高洁而悠远，自省能力强，有格调。三是以人为本的发展理念，包括被尊重以及个人的完全长成。幸福成为终极追求。

※　王齐国，北京大学文化产业研究院研究员，中国城市文化创意指数研究首席专家。

中国城市文化创意指数研究，正是在新时代背景使命下提出，愈发显得重要。

一、中国文化创意指数课题研究

2020 年，中国的城市化率为 60.6%。从全球城市管理实践看，城市化、城市更新都是日益紧迫的课题。文化创意的本质是价值驱动和审美驱动，文化创意赋能必将成为城市更新与发展的重要路径。

和欧洲的 75% 和美国的 80% 左右比较起来，中国的城市化率还有很大的上升空间。如果从整个亚洲的城市化率来看，中国的城市化率大概要高出全亚洲的 5—10 个百分点。城市是人类社会经济发展到一定阶段的产物，是人类群居生活走向成熟的高级形式。

（一）文化创意理论的提出

文化创意理论的提出，基于我们对创意的定义。

创意是通过改变事物的原有形态，使之符合时代的审美需求，并创造出价值的活动。创意要创新，要有时尚性，最终是贡献新价值。所以围绕这个定义，我提出创意的五个要素：第一创新；第二有时代感——与时俱进（时尚性）；第三新奇独特；第四震撼力，第五贡献新价值。

创意的本质是创造更高价值。这与英国等西方国家的学者认为创意的本质是获得快乐和满足有本质的区别。创意不是追求效用最大化，创意所追求的异质性、差异性、个性这些反效率的尺度，恰恰正是创意的评价标准。

而文化创意是指在创意实践中发现并创造新的审美趣味和审美价值，从而促进经济和社会变革的活动。文化创意的本质是价值驱动和审美驱动。价值驱动从根本上满足人的生存动机、生产动机、生活动机（包含消费动机），体现对人的尊重和对人性的尊重，是构建美好社会的基本手段。而审美驱动，则是提高人的审美趣味：把人从物质引向形式，从感觉引向法则，从有限存在引向绝对存在①。生活经历唤醒了感性冲动,规律唤醒形式冲动,只有这两种冲动都存在时,人性才得以形成。而人具有人性后才会追求美的,抵制丑的,追求善的,抵制恶的,有高远的精神追求,在价值观取向上有所作为②。

(二)研究背景及目的

我们为什么要研究中国城市文化创意指数?

欧美发达国家的城市化伴随后工业时代和信息技术革命的到来,已经进入新一轮城市更新发展阶段,从过去一味追求经济增速转变为城市可持续性发展。一座城市对人们的吸引力,不再仅仅是经济发展水平,城市特色、城市宜居性、舒适度、城市文化创意氛围、城市未来可塑性、智慧城市等等,已经成为现代化城市发展的核心竞争力。

与此同时,中国的城镇化进程也在快速推进。然而与欧美国家的高度城市化后"再城市化"相比,我国城市化水平较低,基本表现为:第一,北上广深等经济发达城市,在业已高度城市化基础上正在进行新一轮城市更新;第二,经济相对发达城市,正在积极完善城市功能,向更高程度城市化迈进;第三,尚未进入城市化的区域正在积极进行新型城镇化建设。

中国的城市化还有很大的提升空间,中国的快速城市化过程当中,城市化率每提高一个点,对 GDP 的贡献大约是 1.5%。同时,我们应该认识到,仅仅看到城市化对 GDP 的贡献是远远不够的,城市一定要体现作为人居住的美好场所的属性,要回归城市原本的模样。所以说我们围绕全球的城市化以及再城市化进行中国的城市研究,是希望帮助中国城市管理者,在城市化进程当中引入文化创意,体现出价值驱动和审美驱动的魅力,让城市更人性化。

---

① 席勒:《审美教育书简》,冯至、范大灿译,北京大学出版社,1985 年,第77 页。
② 王齐国主编:《文化创意:变革的力量》,开明出版社,2018 年,第33 页。

中国的很多城市也正在向创意城市转型。我们在做这个研究的时候发现，到 2019 年底，中国城市加入全球创意城市网络，从美食之都到文学之都，中国城市已经有了 14 个，这些城市基本上都体现了创意的特色（见表 1）。

表 1　加入"全球创意城市网络"的中国城市

数量合计	14	1	2	2	3	4	2
美食之都　4			成都		顺德	澳门	扬州
媒体艺术之都　1						长沙	
设计之都　4		深圳	上海	北京		武汉	
手工艺之都　3				杭州	苏州景德镇		
音乐之都　0							
电影之都　1						青岛	
文学之都　1							南京

来源：UNESCO 官网　　　　2008 年　2010 年　2012 年　2014 年　2017 年　2019 年

文化禀赋，是魅力城市的重要因素。文化创意，能量化一个城市文化价值并使文化在当代审美下重构与活化。故此，研究中国城市文化创意指数，旨在通过建立科学的、系统化的指标体系，借助指数的量化、可视化、工具化的优势，衡量一个城市的文化创意水平、文化创意资源条件，以及文化创意对城市更新与变革的赋能和效率，为城市发展提供可资借鉴的评价工具和决策参考依据。

（三）相关研究结论

国内外在软环境硬产出的指标上有着差异性。我们发现中国发布的若干个城市创意指数，比方说深圳大学的创意城市研究，中国人民大学发布的中国城市创意指数，更愿意把创意对城市、对城市 GDP、创意对经济的贡献率这些硬产出作为指标（见表 2）。

表 2　国内外创意指数常用指标对比

使用频率排序	类别	国外常用指标	中国常用指标
1		包容度	文化消费
2		教育程度	经济贡献
3		制度、政策、法律环境	产业规模
4		科研投入	科研投入
5		知识产权	就业规模
6		高新技术	教育程度
7		公共基础设施	公共环境文化设施
8		创业环境	科研产出
9		创意产业经济产出	城市基建

国外创意指数在对创意进行评价时,更加关注创意的"软"环境,如包容度、教育程度、制度环境分别占据前三位;而国内创意指数对创意进行评价时,更加关注创意的"硬"产出,如文化消费、经济贡献、产业规模分别占据前三位。

随着我国经济发展和城市更新与变革的不断推进,以及文化创意产业发展的优化与升级,对创意指数的研究也需要与时俱进,对创意的评价侧重点也需要从对文化经济的聚焦转向文化创意的内核驱动,从而把脉城市文化创意竞争力。

我们这次研究侧重的是怎么样让文化创意的价值驱动和审美驱动体现在城市建设之中。因此我们在制定这个指标的时候,就是充分使用"文化创意+"理论,引申出来的一些研究成果。

(四)"文化创意十"的意义

"文化创意+"具有经济引擎的特质。我们说"互联网+"是引擎,因为"互联网+"具有技术引擎的特质。全世界研究经济社会发展的学者们一致认为:经济引擎有三类,一是要素引擎(投资、消费、出口);二是科技引擎(包括激发创新的知识）；三是制度引擎（包括有利于资源配置的方式方法的文化）。按照此观点，文化创意既具有科技引擎功能，同时又具有制度即文化的引擎功能，所以"文化创意＋"一定能够像"互联网＋"一样，推动中国经济社会发展。与"互联网＋"提供了经济发展的量和便利性不同，"文化创意＋"提升传统产业的品质、内涵、竞争力和附加值，可以与"互联网＋"形成双翼或双轮。

1. 文化创意的价值驱动和审美驱动在本课题的具体体现

价值驱动可以从两个方面体现：一是以文化创意作为生产力，通过创意设计赋能传统产业，实现新旧动能转换，创造新价值；二是以文化创意作为生产资料，使无形资产（有时候特指知识产权）转变为货币资产。

文化创意的审美驱动也可以从两个方面体现：一是文化创意与商品服务融合，在商品服务的使用价值之上，增加审美趣味，实现人对美好事物的追求，满足对美好生活的愿望；二是文化创意与城市空间融合，使空间结构利用更加高效，空间设施更具人文色彩，更加舒适而便利，空间景观更具审美趣味。而审美趣味的高也就是我们所谓的文化性的高，在我们特指的文化产品上，文化产品的文化属性，一定是它的审美属性。

2. "文化创意＋"与城市变革

"文化创意＋"理论认为，文化创意的价值驱动和审美驱动，是推动城市变革的动力因素，文化创意对城市变革的作用与影响体现在城市经济和城市环境两方面（见图 1）。

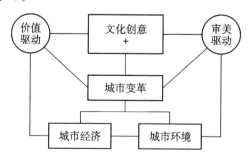

图 1 "文化创意＋"与城市变革

第一,文化创意可以无边界地与各个产业融合发展,实现传统产业的转型升级和供给侧产品结构改革与创新,向消费者提供高品质、高附加值、有竞争力的商品。

第二,文化创意可以融入城市建筑、城市景观、城市公共设施等城市环境中,提升城市文化内涵,树立新的审美形象,而且提高居民生活品质和幸福指数。

第三,文化创意具有集聚效应,可以形成人才吸引,人才聚集再带动各种城市配套环境的提升与发展,由此形成良性发展的生态闭环。

（五）中国城市文化创意指数核心评估模型

2018 年 1 月,中国城市文化创意指数研究正式立项,9 月 2 日举行课题结题研讨会,12 月 5 日在博鳌中国企业家论坛上进行首次发布;2019 年 1 月 5 日,在第 19 届中国文化产业论坛上进行第二次发布。2019 年中国城市文化创意指数于 2020 年 5 月 9 日进行第一次发布,8 月 5 日进行第二次发布。

中国城市文化创意指数以"文化创意 +"理论为基础,其核心评价模型与中华古老智慧相融合,借太极生两仪、两仪生四象的思辨方法,以文化创意为道、为太极,延伸出两仪即价值驱动和审美驱动,再外延至四象即"文化创意 +"创意生态、"文化创意 +"赋能能力、"文化创意 +"审美驱动力、"文化创意 +"创新驱动力,由此形成中国城市文化创意指数的核心评估模型（见图 2）。

1. 两仪

价值驱动,从超越经济活动的维度反映文化创意对城市的价值贡献;

审美驱动,从精神与文化艺术的维度反映文化创意所带来的感动心灵的力量及对构建美好社会意识形态的贡献。

2. 四象

"文化创意 +"创意生态,是其他三象的前提基础,反映城市发展文化创

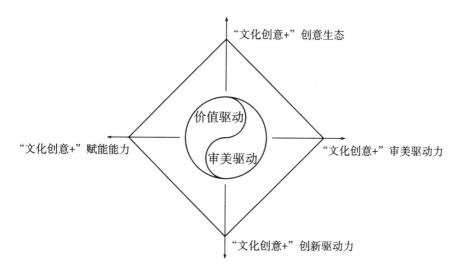

图 2　中国城市文化创意指数的核心评估模型

意和开发利用文化创意的资源现状和条件基础。

"文化创意＋"赋能能力，反映文化创意对城市经济、产业转型升级、产品与消费升级以及城市的宜居而舒适的价值贡献。

"文化创意＋"审美驱动力，反映文化创意对城市环境、城市软实力、市民的热情和友善、市民的审美趣味及审美水平的影响力和社会价值贡献。

"文化创意＋"创新驱动力，反映以文化创意作为创新要素及手段推动城市发展的能力，同时反映城市文化创意创新环境水平。

通过"文化创意＋"理论的研究，展示我们在使用一个不一样的评价指标来评价并促进中国城市高水平发展。

（六）指数核心指标体系

1. 中国城市文化创意指数的系统构建

中国城市文化创意指数的系统结构分为外层系统和内层系统。外层系统包括发布层和应用层，是面向使用群体的指数呈现和功能应用，与用户形成指数交互关系。内层系统包括：数据源层、数据处理层和指标层，是城市文化创意指数的内部运算、数据处理、指数运维的操控管理系统(见图3)。

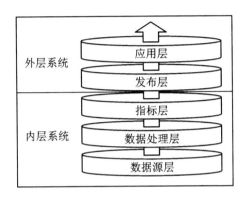

图 3 指数系统构建图

(1) 数据源层

数据源层是中国城市文化创意指数的基础数据库,对每一个数据项提前定义好一种默认的标准数据结构。包括:

对数据的格式定义,例如日期采用 yyyy-mm-dd 格式(示例 2020-09-15);

对数据的长度定义,例如身份证号码设置为 18 位字符;

对数据的值域定义,例如性别的值域限定为男性和女性。

(2) 数据处理层

数据处理层,也可以称为数据质量管控层,对以标准数据结构存储的数据进行数据清洗。包括:

缺失值处理,比如采集 2009 年至 2019 年期间某一区域文化创意产业增加值的连续性数据,其中某一年数据缺失,则可以采取使用中位数、平均数等方法进行数据缺失值处理;

异常值处理,比如政府部门对文化创意领域财政支持比例,如采集的数据明显超出常规性上限,则需要进行异常值处理,可以选择剔除异常值数据,也可以按照一定规则进行数据填充,比如取某段时间内的均值进行填充取代;

不一致值处理，比如区域文化创意产业产值，不同职能部门公布的数据会出现不一致，就需要对数据源进行标准统一。

（3）指标层

指标层，是紧紧围绕城市文化创意指数功能定位而设计的，从不同维度、不同层面、不同侧面、不同方向等形成具有指向性的数据呈现。每一个指标都有既定设计的运算规则，从经过数据处理层清理过的数据中抓取所需数据项，按照计算公式形成指标量化值。

指标层是动态灵活的，可以充分调用各个数据项，不同的数据项组合、不同的数据权重设计、不同的计算规则，都会出现不同的指标量化结果，形成不同指向意义的数据呈现。因此，指标层的设计是不同指数之间的差异性和特色性的核心体现。

（4）发布层

发布层，是面向使用者的对外开放层，是中国城市文化创意指数的可视化形式，可以用符号、数字、图表、排行榜等各种可视化手段，有助于使用者更加方便、易懂地获知指数及其数据意义。

（5）应用层

应用层，是中国城市文化创意指数的功能体现，是整个指数系统结构的终极目标，数据源层、数据处理层、指标层、发布层，都是紧紧围绕功能设计和实现最终功能应用的基础铺垫。对于城市文化创意指数而言，其核心功能体现即反映城市文化创意生态环境和文化创意所驱动的社会价值与经济价值。

应用层在实现指数预先设定的功能目标基础上，还可以在后期不断延伸、衍生、扩展新的应用功能。可以根据指数使用对象的具体需求进行指数数据产品开发，比如城市文化创意人才评价与引进、城市文化创意资本评价与招商、金融机构对文化创意项目的价值评估、财政资金对扶持项目的评审与跟踪等等。

2. 中国城市文化创意指数的指标框架结构

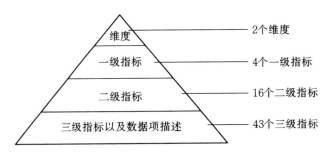

图 4　中国城市文化创意指数的指标框架结构

3. 中国城市文化创意指数的核心评价体系

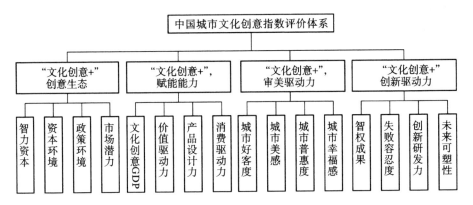

图 5　中国城市文化创意指数的核心评价体系

(七) 指数计算模型

1. 中国城市文化创意指数的分值设计

指数模型是通过分权而不是均权的计算方法,设定"文化创意＋"创意生态是 20 分,"文化创意＋"赋能能力是 30 分,"文化创意＋"审美驱动力是 30 分,"文化创意＋"创新驱动力是 20 分。

2. 主要采取的数据标准化方法:归一法、极限值法

在数据的采集上,我们使用的是标准化归一法和极限值法,通过归一法

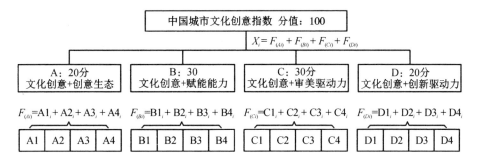

图6　中国城市文化创意指数的分值设计

去量纲化和极限值法去分值标准化来使所采用的数据更加科学而公正。

　　数据无量纲化处理，是指消除量纲和数量级的影响。对于不同的数据项，存在统计单位、数据意义、绝对值、相对值、人均值等差异化，直接进行比较或者加权比较是不科学的。通过无量纲化处理后，则可以使数据项的自由相加和比较。本次指数研究的无量纲化处理主要采用了归一法、极限值法等。

　　数据缺失值处理主要采取了删除数据项、替代数据项、赋0值处理方式。由于各城市文化创意相关数据的统计标准和发布标准不一致，导致一些数据项无法横向比较，对此类数据项不得以采取删除数据项处理。由于一些数据项之间存在较高相似度或关联度，因此在数据缺失时可以采用替代处理，比如人均值类数据项计算，在常住人口缺失时采用户籍人口替代等。由于各城市之间经济、技术、政务在线服务、数据开放程度存在差异，尤其是经济欠发达地区的数据严重缺失，对于缺失数据项本次研究采取赋0值处理。无论采取哪一种缺失值处理，均存在一定弊端，因此建议从国家到地方的文化创意数据标准建立和数据开放，知己知彼，发现差异化优势，弥补差距不足。

二、2019中国城市文化创意指数应用报告

（一）指数样本说明

　　2019中国城市文化创意指数共计纳入140个样本城市，覆盖全国31个

省市自治区,较之上一年增加 10 个样本城市。与去年相比,本次城市样本更替标准主要考虑以下三点:一是剔除去年城市数据开放性较差的城市;二是新增部分文化旅游目的地城市;三是新增部分"一带一路"沿线城市。

样本城市的数据来源主要有以下几方面:2016—2018 年连续三年的城市社会经济统计公报;2017—2018 年城市统计年鉴以及各省统计年鉴;各城市政府统计局官网发布数据;各城市文化创意相关部门官方网站发布的文化创意相关政策信息等。

本次指数权重设计从指数的核心旨意为出发点,突出文化创意对城市发展的价值驱动和审美驱动的功能和作用,因此在一级指标分值权重分布时,"文化创意 +"创意生态指标分值权重占比 2/10、"文化创意 +"赋能能力指标分值权重占比 3/10、"文化创意 +"审美驱动力指标分值权重占比 3/10、"文化创意 +"创新驱动力指标分值权重占比 2/10,相对于对"文化创意 +"创意生态和"文化创意 +"创新驱动力,对"文化创意 +"赋能能力和"文化创意 +"审美驱动力两项指标分值进行了增强加权设计。

(二)指数应用及排序分析

在城市化进程中,无论是老城更新还是新城开发,"文化创意 +"将发挥越来越重要的作用。绿色环保、生态宜居、可持续发展,已成为城市规划与建设的基本原则,推动城市变革,"文化创意 +"无疑成为比"互联网 +"更重要的实现途径。"文化创意 +"实现的是内核与内涵之间的" +","互联网 +"实现的是外在与外延的" +"。"文化创意 +"是"互联网 +"的内容前提,"互联网 +"是更好地实现与推进"文化创意 +"的技术手段。

1."文化创意 +"助力老城更新产业转型与升级

"老城更新"必然会经历一个产业转型与文化变迁的复合进程。以北京为例,在疏解非首都功能和实施产业转移的战略发展下,北京各区腾退老旧厂房 242 个,总占地面积达 2 500 万平方米,截至 2018 年已经转型利用的老旧厂房有 601 万平方米,正在转型改造的为 138 万平方米,还有一半以上的老旧厂房空间处于待改造状态。能否有效地实施老旧厂房改造，是这一轮城市更新是否成功的重要体现。

工业遗存的保护与利用、经营空间的改造与运营、公共空间的设计与营造，与文化创意相结合无疑是未来城市更新的首选。北京前门大街的北京坊、上海百年老街愚园路、西安曲江新区、重庆鹅岭二厂、南京莫愁路"越界梦幻城"等等，"文化创意＋"为这些老城更新与业态转型助力赋能。

2. "文化创意＋"焕发老城文化底蕴新活力

中国历史悠久，文化绵长，自然形成了很多历史名城，北京、南京、西安、洛阳等古都城市，无不蕴藏着丰富的历史文化资源和人文底蕴，利用传统文化资源进行创造性转化和创新性发展，让创意焕发文化的新活力，让经典与现代审美和时尚创意相结合，迸发出更绚烂多彩的文化创意体验。以故宫为例，台北故宫的一款写着康熙朱批"朕知道了"的纸胶带风靡全国，为博物馆、文化旅游景区、城市礼物等文创产品开发点燃了火把。

北京故宫拥有近 600 年历史的文化符号，是中国传统文化的典型象征，在"文化创意＋"的赋能下，故宫如今成为"网红"，原来少有问津的旅游纪念品，现在更加贴近人民群众生活，文创团队开发出许多社会大众能够乐于享用、将传统文化与现代生活相结合的文创产品。据故宫发布的统计数据，截至 2018 年 12 月，故宫文化创意产品研发超 1.1 万件，文创产品收入在 2017 年达 15 亿元。2018 年故宫接待量突破 1 700 万人次，其中 30 岁以下观众占 40％，年轻观众尤其是"80 后"和"90 后"，已成为参观故宫博物院的"主力"，"文化创意＋"对中国传统文化的传承与发展发挥了巨大作用。

3. "文化创意＋"带动城市体验新经济

2018 年中共中央发布《关于完善促进消费体制机制　进一步激发居民消费潜力的若干意见》，消费升级已经成为中国经济平稳运行的"顶梁柱"、高质量发展的"助推器"，更是满足人民美好生活需要的直接体现。

人们在选择消费产品与服务时，不再仅仅关注使用价值，对产品的文化和审美附加值，以及体验过程的精神愉悦感有了更高追求，而要满足这一消费升级需求,"文化创意+"成为实现途径。创意为文化和群众之间搭建了体验桥梁,创意为文化和技术之间搭建了应用纽带。

20 世纪九十年代,中国电影院观众门可罗雀,如今影院观影已经成为人们文娱体验的日常消费方式之一。就在几年以前,国内博物馆给人的印象仍是"死气沉沉"、缺乏趣味,除了一些知名的国家级博物馆,在百姓出游或文化休闲的目的地清单中,很少将博物馆作为一站。而今,丰富的主题展、高创意与新技术应用,使博物馆成为家庭出游尤其是亲子活动的优选之地,也是研学旅行的重要基地。这些转变,无不是文化创意在发挥作用,它丰富了城市空间的体验内容和体验形式,带给人们更加广阔的精神享受,带动了城市更多元化的体验经济。

4."文化创意+"提升城市审美趣味增强居民幸福感

马克思说过,人类生产的本质、发展趋势和最高形式是美的创造,审美活动的普遍必然性来自美的形式的普遍必然性。在过去几十年的工业化进程和城镇化进程中,在追求快速发展、快速生产的同时,我们忽略了什么是好,什么是美。当我们感叹他国文化创意产业发展的精细化程度时,不妨思考下中国的文化艺术与审美,我们高超的古代建筑设计、精湛的工匠手工艺、考究的烹饪饮食……无不彰显着人类文明的璀璨成果和审美趣味的顶级水平。

在物质生活丰富之后,现阶段要不断满足人民日益增长的美好生活需要,"文化创意+"则是提升人民幸福感、丰富人民精神需求的重要方式。在林林总总的城市发展规划中,我们可以看到许多城市选择"文化创意+"为城市赋能,比如:2018 年西安审议《博物馆之城建设总体方案(2018—2021)》,加快建设"博物馆之城",打造"丝路文化高地";佛山也在推进"博物馆之城"建设的实施意见,打造具有鲜明岭南文化名城特色、制造业一线城市特色及佛山人文特色的博物馆之城;哈尔滨将进一步提升"音乐之城"的艺术水准,营造哈尔滨"音乐之城"的艺术氛围,为带动全域旅游、文化和时尚产业融合发展发挥重要作用。

在中国,乃至全世界,在新一轮的城市变革中,"文化创意+"都已显现出它的优势和能效，不仅可以为老城更新附着新的活力，还可以为新城建设打造"无中生有"的城市新名片，在城市的价值驱动和审美驱动中，"文化创意＋"发挥着独有的魅力和不可或缺的作用。

（三）中国城市文化创意指数典型评析

1. 2019 中国城市文化创意指数十强城市评析

北上广深依然是中国城市文化创意发展的前沿阵地。2019 中国城市文化创意指数前三甲城市分别是北京、上海、深圳，广州居于第四位。直辖市重庆居于本次指数排名第六位，较去年排名提升一名。直辖市天津跌出本年度十强城市名单，排名第十一位（见表3）。

表 3　2019 中国城市文化创意指数十强城市指标分值

排序	城市	创意生态	赋能能力	审美驱动力	创新驱动力	指数	名次变动
1	北京	14.200	18.746	14.009	15.712	62.666	→
2	上海	13.629	17.430	13.576	13.839	58.473	↑
3	深圳	9.390	17.126	15.757	15.272	57.545	↓
4	广州	10.848	21.835	10.187	8.654	51.523	↑
5	杭州	9.621	20.593	10.130	7.081	47.425	→
6	重庆	10.033	8.480	12.465	7.260	38.238	↑
7	西安	8.317	7.889	13.343	7.086	36.634	↑
8	成都	10.142	8.938	9.526	7.199	35.805	↑
9	东莞	6.689	6.378	12.596	7.607	33.270	↓
10	南京	9.137	5.633	9.382	7.310	31.462	↑

（注释："→"代表名次不变；"↑"代表名次上升；"↓"代表名次下降）

从 2019 中国城市文化创意指数十强城市名次来看，北京依然占据榜首，上海从去年排名第三超越深圳排在第二位，深圳则从去年排名第二位下降至第三位,广州从去年排名第六位晋升到第四位,重庆从去年排名第七位晋升到第六位,杭州保持排名第五,成都从去年第十位晋升到第八位,东莞从去年第四位下降至第九位,苏州从去年排名第九位滑出十强名单排名第十二位。

西安和南京,是 2019 中国城市文化创意指数十强城市新晋成员。西安从去年排名第十一位跻身前七位,南京从去年排名第十三位跻身前十位。

(1)三甲城市北、上、深对标分析

北京仍是城市文化创意引领城市,但绝对优势趋于减弱。2019 北京城市文化创意指数分值为 62.666,上海和深圳指数分值相差甚微,分别为 58.473 和 57.545。

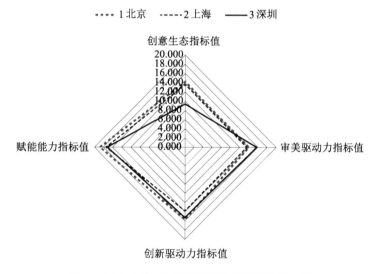

图 7　北京、上海、深圳城市文化创意指数雷达图

从北京、上海、深圳的城市文化创意指数雷达图对比来看,北京与上海的雷达线近乎重叠,只是在文化创意赋能能力和创新驱动力指标方面,北京略高于上海。从指标体现来看,在智权成果方面,北京的知识产权成果及研发活跃度高于上海,据《2018 年北京知识产权保护状况白皮书》显示,2018 年北京市专利申请量为 211 212 件,万人发明拥有量为 112 件。同年,上海市专利申请量为 150 233 件,万人发明拥有量为 47.5 件。从研发经费和科研人员来

看,据《2018 北京统计年鉴》数据显示,2017 年北京研究与试验发展(R&D)经费内部支出金额为 1 579.7 亿元,占 GDP 比重约 5.64%,R&D 人员约 39.73 万人。另据《2018 上海统计年鉴》数据显示,2017 年上海研究与试验发展(R&D)经费内部支出金额为 1 205.21 亿元,占 GDP 比重约 4.0%,R&D 人员约 26.23 万人。

北京与深圳的雷达线在文化创意创新驱动力方面近乎重叠,在文化创意赋能能力方面,北京略超越深圳,而在文化创意审美驱动力方面,深圳略超越北京。深圳与北京的主要差距体现在文化创意生态方面。深圳的文化创意生态指标已经居于全国前列,但和北京相比,城市文化创意生态的指标差距主要体现在:一是文化创意智力资本,北京高等教育资源明显优于深圳,深圳的文化创意从业者超过 50 万人,主要依靠外来人才吸引,而本地文化创意人才培养与储备仍需提升。二是文化创意财政支持,深圳在文化体育传媒方面的财政支出金额约为北京的三分之一,支出占比约为北京的三分之二。三是文化创意消费市场,深圳的常住人口约为北京的五分之三,旅游人次约是北京的六分之一,深圳在旅游目的地城市方面仍有待提升。

(2) 中国城市文化创意指数十强城市

广东占据三席,深圳在副省级城市排行榜位居第一、广州在省会城市排行榜位居第一、东莞在地级市排行榜位居第一。

在 2019 中国城市文化创意指数十强城市中,广东省占据三个席位。深圳在总榜中位居探花,副省级城市位居榜首;广州总榜排名第四,省会城市位居榜首;东莞总榜排名第九,地级市位居榜首。

从深圳、广州、东莞的城市文化创意指数雷达图对比来看:东莞与深圳和广州之间还是存在一定差距的。深圳作为年轻的城市,创意设计和科技创新是近几年城市战略发展的主题词,深圳城市文化创意雷达图在审美驱动力和创新驱动力方面明显领先广州和东莞,而广州的雷达图在文化创意生态和赋能能力方面明显优于深圳和东莞。

从创新驱动力指标来看,据《广东省统计年鉴(2018)》数据显示:2017 年深圳全社会研究与试验发展经费共计约 976.94 亿元,约占广东省的

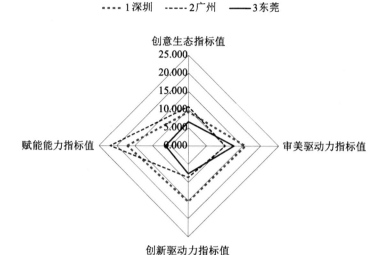

图8 深圳、广州、东莞城市文化创意指数雷达图

41.68%；广州市研究与试验发展经费共计约 532.41 亿元,约是深圳的 54%；东莞市研究与试验发展经费共计约 188.14 亿元,在广东省排名第三。

从文化创意生态指标来看,广州优势明显。与深圳相比较,广州的优势主要体现为：在文化创意潜在人力资本指标方面,广州的文化创意高等教育人才培养资源优于深圳,从在校生人数来看,2018 年广州市普通高等学校在校生人数超过百万人,而深圳仅不到 10 万人；在文化创意潜在消费市场指标方面,2018 年广州居民可支配收入约 59 982 元,高于深圳 2 000 多元；在金融景气度方面,广州和深圳 2018 年末本外币贷款余额分别为 40 749.32 亿元和52 539.79 亿元,虽然广州的贷款余额低于深圳,但回顾 2016 年至 2018 年,广州贷款余额的增速在持续上升(2016 年增长 8.7%,2017 年增长 15.1%,2018 年增长 19.37%),而深圳贷款余额的增速在持续下降(2016 年增长 25.45%,2017 年增长 14.3%,2018 年增长 13.41%)。

(3) 中国城市文化创意指数十强城市

江浙地区占据三席,上海占据引领地位,杭州、南京列位第二梯队。

在 2019 中国城市文化创意指数十强城市中,江浙地区占据三个席位,分

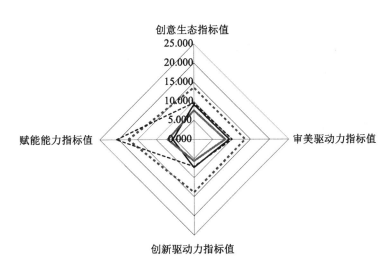

图9　上海、杭州、南京、苏州城市文化创意指数雷达图

别是上海、杭州、南京。上海城市文化创意指数为 62.666，排名第二；杭州城市文化创意指数为 47.425，排名第五；南京城市文化创意指数为 31.462，排名第十。

上海城市文化创意发展在浙江地区处于引领地位，图9雷达图显示，上海在文化创意生态、审美驱动力和创新驱动力方面均远超杭州、南京以及排名第十一位的苏州。唯有在文化创意赋能能力方面，杭州领先，超越上海。据杭州市统计局数据显示，2017 年杭州市文创产业实现增加值 3 041 亿元，同比增长 19.0%，占 GDP 比重高达 24.2%。另据《2018 年上海文化产业发展报告》数据显示，2017 年上海文化产业实现增加值 2 081.42 亿元，占 GDP 比重为 6.80%。

杭州与南京相比较，城市文化创意雷达图在创意生态、审美驱动力、创新驱动力三个指标方面近乎重叠，明显的差距体现在文化创意赋能能力。据南京市委宣传部透露的 2016 年数据，南京全市规模以上文化企业营业收入达到 2 754.89 亿元，同比增长超过 15%，文化产业增加值超过 630 亿元，占 GDP

比重首次突破6%。虽然仅是2016年数据,但从数值规模上可以推演出与杭州之间存在较大差距。另外从创意产品设计能力来看,据杭州市科委发布2017年杭州市知识产权保护状况"白皮书"显示,2017年杭州市申请专利中,外观设计35 096件、实用新型35 096件;而南京市2017年专利申请中,外观设计8 479件、29 640件。在文化旅游消费力方面,2018年杭州市旅游收入约3 589亿元,南京市旅游收入约2 460亿元,杭州约是南京的1.5倍。

(4)中国城市文化创意指数十强城市

西部地区占据三席,重庆、西安、成都成为西部地区文化创意标杆城市。

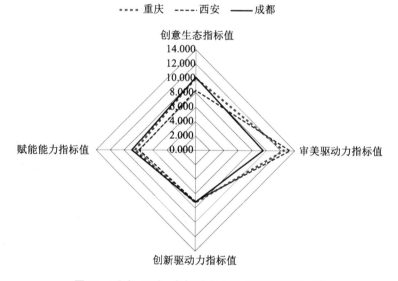

图10 重庆、西安、成都城市文化创意指数雷达图

在2019中国城市文化创意指数十强城市中,西部地区占据三个席位,分别是排名第六的重庆、排名第七的西安、排名第八的成都,这三个西部地区的城市文化创意指数分值接近,分别是重庆38.238、西安36.634、成都35.805。

从城市文化创意雷达图来看,重庆与西安在文化创意赋能能力和创新驱动力指标的雷达线近乎重叠;在文化创意生态指标方面,重庆优于西安,从文化旅游潜在消费市场来看,2018年重庆接待国内外游客超过5.9亿人次,西安2018年接待国内外游客不到2.5亿人次,约为重庆的42%;在文化创意审美驱动力指标方面,西安则优于重庆,从文化创意高等教育资源覆盖度来看,西安市每千人当中约有 127 人享受高等教育,而重庆每千人当中仅约有 24 人享受高等教育。

重庆与成都相比较,两个城市在文化创意生态、文化创意赋能能力和文化创意创新驱动力指标方面不相上下,主要差距体现在重庆的文化创意审美驱动力优于成都。从城市好客度指标来看,重庆市外来常住人口的增速约是成都的 2 倍。从文化旅游资料来看,重庆市 4A 级以上的旅游景点共计 100个,而成都仅 46 个。从文化旅游吸引力来看,2018 年成都接待国内外游客约2.4 亿人次,不到重庆的二分之一。

中国城市文化创意指数研究依然在初级阶段。我们必将秉持客观、事实、科学、严谨的态度,做好进一步研究,并坚持将文化创意赋能城市发展作为目标和追求,为中国经济社会发展贡献力量。

内容、流量谁称王?
新时代文旅融合发展的新路径

潘　聪*

一、蜻蜓十年: 流量平台的内容初心

蜻蜓 FM 作为国内数一数二的互联网音频平台,拥有 4.5 亿用户,生态月活人数超过 1.3 亿,在外界看来,它就是一个不折不扣的流量平台。然而,对蜻蜓 FM 自身而言,它更愿意被定位成一家文化企业。因为,自 2011 年成立以来,"文化"基因就植根于企业发展的方方面面,无论是平台上占比最多的文化向栏目,还是众多文化领域的大咖合作伙伴,都见证着蜻蜓 FM 一路走来,在文化深耕、文化传播上做出的尝试与努力。

经过 10 年的发展,蜻蜓 FM 从早期单一的电台集成业务发展成为如今的头部综合性音频平台,集聚了资讯、财经、脱口秀等 30 多个大类,130 多个小类的内容。由于坚持 PUGC 的内容生产战略,因此内容的"品质感"在业内一直是有口皆碑,获得了很多优质资方的青睐,如国内一些头部机构小米、百度、阿里都是蜻蜓 FM 的股东;在国家层面也有中国文化产业基金、江苏广电、浙报传媒、SMG 等等投资方。而在用户侧,由于音频独有的伴听属性,用户粘性及活跃度都相当高。

二、文旅融合之内容为王: 挖掘城市背后的故事

在有声文旅空间建设方面,蜻蜓 FM 基于两年多线上线下的实践得出结

＊　潘聪,蜻蜓 FM 副总裁。

论,新时代文旅融合的场景下,"文化""内容"依旧为王。因此,在有声文旅内容方面,蜻蜓FM抓住了上海市大力开展"建筑可阅读"项目的契机,再结合平台自有的有声文化内容,包括脱口秀、有声小说等节目品类,依托全民阅读、"建筑可阅读"项目、博物馆故事,以及非遗等文旅场景的IP,形成一系列线上线下的阅读场景。

2018年底,蜻蜓FM就有幸参与了上海市首个试点辖区——徐汇区的"梧桐深处 建筑可阅读"项目建设,徐汇区512幢建筑在蜻蜓FM平台上成为了一个个"诉说者",每幢建筑的前世今生、建筑特色和人文故事,都通过音频向听众娓娓道来。城市千百年的历史沉淀,通过声音故事物化、活化,变得有血有肉。

在每一栋保护建筑的铭牌上,都设置有蜻蜓FM的声音二维码,供市民游客来扫码倾听。试想,漫步在徐汇铺满落叶的街道,欣赏着两边错落的老洋房,倾听着这些建筑里曾经住过的人、发生过的事,凝固的建筑里流动着城市的品格与温暖。最特别的是,徐汇区的"建筑可阅读"项目最后还形成了一本书——《梧桐深处：建筑可阅读》,被作为代表徐汇建筑文化的礼物向宾客赠送。

事实上,除了徐汇之外,蜻蜓FM还深度参与了杨浦、普陀、嘉定等区域的"建筑可阅读"项目,在实施建设的过程中,我们也会根据每个辖区不同的建筑特色和宣传重点,来策划不同的主题和侧重点,如普陀的"苏河十八弯"、杨浦的"百年工业"、嘉定的"人文八百年"等等,让建筑物、景点景区成为了一把钥匙,把各地不同的民风民俗、名人轶事、遗产博物等文化一一解锁,一一挖掘展示。线上音频内容与线下建筑、景点进行联动推广,更是打造了"一步一景一故事"的伴随式感官体验,让穿梭在城市中的每一位市民、游客,都能来一场"城市文化"深度游。

当然,除了城市建筑是一个很好的文化载体之外,我们也关注博物馆文化的宣传。在2020年5月18日的国际博物馆日,我们上线了《听游博物馆》有声专辑,以遍布上海的博物馆为点,以上海的地铁为线,串联出一张上海市的博物馆全景图,帮助市民游客更好地了解博物馆情况,提升人们去参观的意愿,从而促进博物馆文化的传播。

此外,利用平台举办讲故事比赛、讲解比赛等也是一个相当有效的内容积累方式,如讲解员大赛、"建筑可阅读"全民讲故事大赛等,通过这些有声文旅内容的挖掘与积累,我们形成了城市文旅内容的点播矩阵,确立了常态的城市文化阅读空间,聚集了一批偏好有声文旅内容的忠实受众,目前,这一线上有声文旅阅读空间已收获 300 多万人次的点播收听量,对线下的这些文旅空间也起到了一定的导流作用。

而在线下文旅空间的建设方面,蜻蜓 FM 的优势体现在离用户更近的地方,比如书店、图书馆、社区等等,基于蜻蜓 FM 已有的线下阅读场景的局部,我们将城市文旅的有声内容输送到城市阅读的"毛细血管",解决市民游客文化服务"最后一公里"问题的同时,也在一定程度上构建了有声文旅的线下空间。当然,除了将市区文旅的项目内容以及蜻蜓 FM 自有文化内容输送到线下的阅读空间之外,蜻蜓 FM 也致力于挖掘每一个小地方的本土文化和非遗内容。在上海市浦东新区张江镇,蜻蜓 FM 邀请非遗传承团队制作了《浦东山歌》的线上专辑,将本土的非遗文化通过线上传播的方式宣传的同时,也进一步丰富了线下文旅空间建设的内容层次与本土风味。

三、文旅融合之流量亦为王:
文旅产业发展的流量经济

事实上,不管是线下还是线上,流量就意味着关注度,就意味着产业发展的沃土。作为一个互联网平台,同时也是一个流量平台,如何利用自身的流量为有声文旅内容服务一直是平台在思考的问题。

近年来,随着 5G、物联网发展的加速以及知识付费的爆发,整个移动音频市场也迎来了新一波的增长。蜻蜓 FM 预测,未来的收听场景将不再局限于 PC 端或 APP 端,而将更多地呈现出多元化、场景化的态势,而这一现象其实早已出现在我们的日常生活中。如今的年轻一代,早已习惯于与智能硬件产品之间的语音交互,比如用声音唤醒一台智能音箱为自己讲一个故事,或唱一首歌，或解答一个问题；用儿童手表在校园里社交，互加好友，近几年来，儿童智能手表的出货量十分可观，另外一个特别重要的硬件代表就是 OTT 的电视盒子。可以说，与智能硬件的语音交互已经成为下一代休闲娱乐、人际交往中非常重要的方式之一。

而在用车场景中，万物互联时代的来临，会让用户渐渐淡化对传统电台的收听依赖，互联网汽车的触控屏幕让用户在这一场景里，有了更多内容的选择空间，这事实上也是传统电台目前急于转型的重要原因。

种种迹象都在传递一个信息，万物互联的未来已来。用户收听场景的分散，直接导致企业无法再依赖一个单独的流量入口来获取用户的关注。因此，在 2018 年蜻蜓 FM 做出了重要的战略升级，除了自身经营的 APP 以外，蜻蜓 FM 在全渠道寻求合作伙伴，通过将蜻蜓 FM 海量的优质内容以及运营服务能力输送给互联网视听产业的上下游企业（如媒体企业、平台企业、智能硬件终端、手机厂商、车载系统等），来激活流量池，触达更多收听场景及目标用户。

还有一个非常有意思的数据可以拿来分享，就是智能耳机的市场规模这两年拓展得非常迅猛，其中有一家上市企业——恒玄科技，它的主营业务是耳机芯片业务，每年的营收规模都达到了亿级以上，连续数年达成 100% 的业务增长，这在常规市场上非常罕见。我们认为这主要缘于现代年轻人养成健身的生活习惯之后，形成了一个新的场景，也就是所谓的运动场景。而这一场景的形成，昭示着在未来，互联网音频将迎来一批更加年轻化的用户，以及巨大量级的音频产品的需求。

蜻蜓 FM 通过去中心化的战略，将内容与运营服务能力渗透进用户生活的方方面面，不断巩固用户流量池，为的就是保障平台上所有优质的内容产品、文化产品能够得到足够的曝光，为文旅产业融合发展提供足够的线上流量支撑。

四、内容、流量两手抓，促文旅产业高质量发展

新时代下文旅产业的高质量发展离不开内容建设，更离不开流量获取。

蜻蜓 FM 正是通过声音来讲好建筑背后的故事,传播城市文化的内涵;同时,也通过多维度地打造传播渠道和空间,为这些优质的文化旅游内容"插上翅膀",更好地传播给用户,以文促旅,以旅彰文。

从国家公共文化云看公共文化发展

庄征超 *

前　　言

国家公共文化云作为全国公共文化数字化发展的先驱者和方向引导者，在公共文化数字文化建设领域的作用毋庸置疑。在近几年的发展中，国家公共文化云平台从幼稚逐步走向成熟，逐步带领全国各地开展线上文化活动，同时结合时代发展利用平台开发各种应用，充分发挥平台内容优势和传播优势。本文将以平台代运营者的角度从多个方面进行介绍。

一、国家公共文化云的简介

国家公共文化云是由文化和旅游部全国公共文化发展中心主导建设的一站式的公共数字文化服务平台，是为提升公共文化服务的供给水平和服务效能，实现公共文化服务的"政府端菜"与"群众点菜""群众做菜"的有机结合的平台。

国家公共文化云在建设之初有其明确的定位：

第一，整合聚拢全国公共数字文化的资源与数据。

第二，推动形成超市式、一站式"政府端菜"与"群众点菜"相结合的新型服务模式。

第三，打造我国公共数字文化服务的聚集调度与大数据的平台。

＊　庄征超，汉雅星空事业部副总经理。

二、国家公共文化云的发展

国家公共文化云的发展大体可分成三个阶段,分别是建设与运营,服务与推广,创新与应用。各阶段的发展有其侧重点,但互相重合,分别介绍如下。

(一) 建设和运营

1. 平台建设

国家公共文化云于2017年在全国的文化馆年会上正式发布。在此之前全国各地亦有很多公共文化领域的数字化平台,但由于缺少足够的行业标准,平台的功能建设和运营方式可谓五花八门。国家公共文化云的发布奠定了文化云的基本功能架构,设置有"精彩资讯""视听空间""共享直播""场馆导航""活动预约""服务点单",后来经过不断升级,陆续推出"在线培训""标准规范""专题集锦""数图资源"等几大版块。基本确定了公共文化云的功能设计与架构,为后续全国公共文化云的建设提供了相关的模块和功能的参考。

2. 资源汇聚

平台搭建之初,国家公共文化云运营团队就着手对全国公共文化发展中心的媒体资源存量进行梳理。同时为了更好地汇聚各地优秀数字文化资源,同期开发了资源上传入口,允许各个地方平台将资源上传至国家公共文化云资源库,并在线上以多种形式呈现给民众。

3. 资源运营

完成平台搭建与资源的汇聚后,如何更好地运营是一个数字化平台最重要的课题。国家公共文化云运营团队策划了相关的运营策略,分别根据节期、活动、大事件等策划与编撰内容运营计划,并按照相关计划开展内容运营。在运营的过程中引入新媒体的运营方式,使用场景化的语言进行相关专题内容的包装,让原有的资源更加容易被民众接受。

4. 直播运营

直播是国家公共文化云最重要的功能之一,"共享直播"版块的设置开启了全国公共文化领域云直播的大门。从平台上线以来,国家公共文化云运营团队不断完善直播流程,严把直播安全关,形成一套规范的直播操作流程。期间经历了公共文化领域直播从无到有,从陌生到熟悉,从熟悉到规范的过程。截止到 2020 年,国家公共文化云上的直录播场次超过 1 400 场,总访问量超过 3.5 亿,仅 2020 年一年就在平台上开展超过 400 场直录播活动。自国家公共文化云开展线上直播活动以来,全国各地的文化馆也在使用同样的方式充实公共文化活动,通过直播,让公共文化服务更有实效性,取得了比较好的效果。

5. 专题运营

除了云直播,国家公共文化云作为全国性公共文化活动线上主战场,全年策划执行了众多的线上专题活动。从专题的设计策划到功能的开发,从内容运营到 UI 设计,每一阶段都需要严格把关,在此过程中亦需要发动各地的文化单位来参与,充分预热,专题活动整体的效果非常不错(其中,"云上群星奖"活动,吸引了来自 27 个国家和地区的网民,网上访问量约 5 039.8 万人次;"乡村春晚"网络联动吸引约 2 372.7 万人次参与)。自国家公共文化云以线上方式策划,发动新的专题活动开始,全国各地的公共文化平台也逐渐摒弃原本单纯提供内容的思路,将一些服务以专题的形式在平台上进行呈现。

(二)服务与推广

在平台建设和内容的运营初步成型之后,国家公共文化云进入以服务和推广为主的第二个阶段。此阶段国家公共文化云亦开展了一些新的尝试。

1. 线上培训

突如其来的疫情让在线教育突然火爆起来,而 2018 年国家公共文化云就开通了这个版块,疫情期间该版块也给一些文化体系内的工作人员提供了新的服务窗口。随着疫情的蔓延,2020 年全国各地的文化馆也充分利用线上平台,在线下闭馆的情况下继续为百姓提供文化服务。

2. 知识与社会服务

疫情期间,国家公共文化云平台响应国家号召,第一时间及时提供相关科普知识。从这个阶段开始,国家公共文化云平台不单是娱乐和艺术普及的平台,更多的是学习的平台,体现了文化云的知识服务属性。同时通过"云上扶贫乡村振兴"等紧扣相关政策的一些专题活动的策划与开发,国家公共文化云承担的不仅仅是知识服务责任,更成为全民互助的一个平台,进一步体现国家公共文化云平台的社会服务属性。

3. 线上文采会

从 2019 年开始,在文化和旅游部公共服务司的指导下,国家公共文化云上线了"全国公共文化旅游产品交易平台",打开了线上文化交易的新渠道。此后国家公共文化云也成为了粤港澳大湾区、长三角地区文采会的线上主战场。我们也看到全国很多地方平台也随之效仿,并加入了一些交易功能,融合有一些旅游宣传的因素。

4. 新媒体矩阵

在推广层面,国家公共文化云也做了积极的尝试,建立了新媒体矩阵,开放强国号,开通微博,与人民日报客户端合作,2020 年的"乡村春晚"活动亦借助央视频的平台来进行投票和选拔。

(三)创新与发展

在基础的建设,内容运营,服务推广相对完善的情况下,国家公共文化云迈入第三个阶段:创新与发展,这个阶段国家公共文化云开发了以下的创新性应用。

1. 技术升级

国家公共文化云在 2017 年创建之初的重点是在 PC 端,随着移动互联网时代的到来,民众更多地使用手机端,为此国家公共文化云于 2020 年做了平台的升级,更加注重手机端功能的开发,同时开辟更加便民的六大版块("汇资讯""看直播""享活动""学才艺""订场馆""读好书""赶大集")。同时尝试引入新的技术,如:5G,4K,VR,大数据。当然技术上的升级是无止境的,随着人工智能的发展,后续国家公共文化云亦将不断引用新的技术提高平台的稳定性、可用性。

2. 应用升级

国家公共文化云作为资源融合平台,汇聚全国各地的公共文化资源的同时,也起到联合推广地方文化资源的作用。2018 年下半年开始响应国家政策,开发了相关地方版块的专区,并和各个地方平台建立了四个层面(用户数据,服务数据,端口,资源数据)的连接,目前已经与全国 100 多个文化馆实现对接。

3. 服务升级

随着数字化体验的媒介增多,年轻人对文化资源与服务的要求越来越高,同质化严重的现代社会,人们更加尊重原创高品质的作品,于是一些新的服务手段被应用起来。2020 年因为疫情的影响,国家公共文化云线上举办了"文化馆事业发展的思考与讨论"活动,首次采用云连线、云讨论方式让观众零距离感受讨论的氛围;同年开展的"全民艺术普及 U 课专题",面向全国征集优课,反响强烈,各馆积极提供最优质的原创内容。在这个过程中,我们发现平台本身不应该只以提供服务为主,更需要创造一个机会和平台让老百姓参与,同时积极引入一些社会化的力量来进一步完善公共文化服务体系。

结　语

国家公共文化云作为全国公共文化数字化发展的一个窗口,从它的发展中可以看到全国公共文化发展的趋势。"十四五"时期,国家公共文化云也将继续按照国家的"十四五"规划,进一步完善平台功能,由城市向地方下沉,为基层老百姓提供更加优质的文化视听盛宴。